川西嘉绒藏居与其生境

——毛刚田野调查建筑学图解

毛刚 著

国家自然科学基金面上项目（编号：51278415）
课题名称：川西北嘉绒藏族传统聚落与民居研究
西南民族大学人才引进资助项目 RC—2017

中国建筑工业出版社

图书在版编目（CIP）数据

川西嘉绒藏居与其生境--毛刚田野调查建筑学图解/
毛刚著. --北京：中国建筑工业出版社，2017.8（2023.4重印）
ISBN 978-7-112-20837-1

Ⅰ．①川… Ⅱ．①毛… Ⅲ．①藏族-民族历史-中国
Ⅳ．①K281.4

中国版本图书馆CIP数据核字（2017）第114212号

责任编辑：李东 边琨
责任校对：王烨

川西嘉绒藏居与其生境
——毛刚田野调查建筑学图解

毛刚　著

*

中国建筑工业出版社出版、发行（北京海淀三里河路9号）
各地新华书店、建筑书店经销
北京富诚彩色印刷有限公司印刷

*

开本：787×1092毫米　1/8　印张：18½　字数：366千字
2019年8月第一版　2023年4月第二次印刷
定价：88.00元
ISBN 978-7-112-20837-1
（30490）

作者简介
The Profile

毛刚　1970.04.18　生于重庆

1992.07　西安建筑科技大学（原西安冶金建筑学院）建筑学学士
1996.02　重庆大学（原重庆建筑大学）建筑学硕士学位
2000.01　重庆大学（原重庆建筑大学）建筑学／城市规划与设计博士学位
2010.11　重庆大学（原重庆建筑大学）环境科学与工程博士后出站

2000.05—2002.04　四川省城乡规划设计研究院副总工程师
2002.04—2004.10　绵阳市建委副主任（挂职）
2004.11—2016.12　四川省城乡规划设计研究院总工程师
2014.01—2016.07　"4·20芦山强烈地震"灾后重建规划指挥部 副指挥长 总规划师
2017.04—至今　　西南民族大学城市规划与建筑学院 教授

西南民族大学城市规划与建筑学院教授
中匠民大工程设计研究院有限公司副院长，总建筑师，总规划师。
国家一级注册建筑师
国家注册城市规划师
2006　四川省突出贡献专家
2007　第九届四川省青年科技奖
2014　第十届中国建筑学会青年建筑师奖
2016　"4·20芦山强烈地震"灾后重建先进个人（省劳模）
中国钢笔画联盟理事
中国水彩画学会会员
中国城市规划学会城市生态规划与建设专委会委员
中国建筑学会资深会员

前辈建筑巨匠多有深厚艺术功底，故其作品之实体与空间造型权衡俊美，端庄典雅，韵味隽永，非今浮华浅薄之计可及，其遗存画作亦成珍品焉。毛刚教授为业界青年才俊，历岁创作，频频获奖，究其根底，亦在精于绘画，其钢笔写生线形灵动而精准，构图雄浑，气势磅礴，曾受命长期赴川西藏区主持灾后重建规划设计，更寄情大山伟川，奋笔之作结集此册。川西嘉绒藏区自然、人文、风貌一览于兹矣。余亦自好线绘，而毛君已胜愚师，盖青胜于蓝，固师道之所乐见也。欣为之序。

黄天其

二〇一七年十月

自　序

Preface

康巴、安多、嘉绒三大藏区中，嘉绒藏区有 3 个独特性：其一，嘉绒藏区全部在四川境内；其二，嘉绒藏区全在高山峡谷地带，没有高原牧区，基本是农耕为主；其三，发端于西藏阿里兴起于拉萨卫藏的古老藏地宗教——苯教，东迁的终点是嘉绒藏区。本书以嘉绒藏族聚居的大渡河流域和岷江流域为地理线索，用建筑师的图解语言，描绘和阐述在河流深切的峡谷中，分散聚居的嘉绒藏族创造出的灿烂建筑文化，以及在与其生存环境互动磨合中缔造的壮丽地景。找寻人类依附生境而栖居滋生的文化心态，诠释本土建筑的原生动机，以及宗教文化选择生存的人文地理内因，最终揭示地区建筑学的本质，这一本质就是"自然给多少用多少，而不是想多少向自然要多少。"

现在的建筑学子似乎已经不会，或者是不屑于手绘图解来表达田野调查的成果了，我这个年龄的建筑师或许是坚持用手来记录调研过程的最后一拨，倒不是不会电脑这个工具，主要是迷恋建筑画的魅力。我还是坚信"好记性不如烂笔头"，手到心到，心手合一；把收获装在自己的头脑里而不是硬盘里，手里一支笔，想到什么就能画出什么，把审美化作修为和觉悟，心里踏实些！

毛刚

2017 年 8 月 15 日
于西南民族大学创培空间 B4022

Preface

Among the three Tibetan areas(Kham Amdo, and Jiarong), Jiarong Tibetan areas has 3 unique characteristics; first, all Jiarong Tibetan areas are located in the territory of Sichuan; second, Jiarong Tibetan areas are all in the alpine gorge area, and there is no plateau pasturing area, basically farming; third, the ancient Tibetan religion Bon which was originated in Tibet and rose in Lhasa Tibet Ali, east end point is Jiarong Tibetan areas. This book in the geographic clues of the Dadu River valley and the Minjiang River basin, by using the architectural graphic language, depicted and elaborated the brilliant architectural culture created by Jiarong Tibetan who scattered their settlements in the deep canyons of the river, and the magnificent landscape arising from their living interaction with environment. Our purpose is to look for human attachment, breed local dwelling culture, interpret the primary motivation of local architectures and the human geography internal cause of choosing survival position of religious culture and eventually reveal the essence of regional architecture. This essence is using how much the nature could give rather than how much we would like to get from the nature.

Nowadays the Architecture Major Students seem to either lose the ability of sketch or disdain to express the field investigation results by hand painted diagram. The architects in my age maybe is the last wave of architects still insist to record the process of research by hand sketching rather than by computer tools. It is mainly because of my obsession with architectural hand painting. I still hold a firm belief that the palest ink is better than the best memory. Only by using our hands can we really Achieve mastery and put the harvest into our mind instead of hard disk. Drawing what we would like to design and turning aesthetic appreciation into consciousness can do a great job in seeking inner peace.

August 15th, 2017

目 录
Contents

1．三大藏区的人文地理

西藏自治区以拉萨河谷为核心的地区称为"卫藏"，日喀则地区称"后藏"，也把西藏南地区称"前藏"，西藏以东的青海省、甘肃省、四川省、云南省的藏族聚居区被称为"康巴、安多、嘉绒"三大藏区。有典籍曰：法域"卫藏"，马域"安多"，人域"康巴"。（见图1-01）

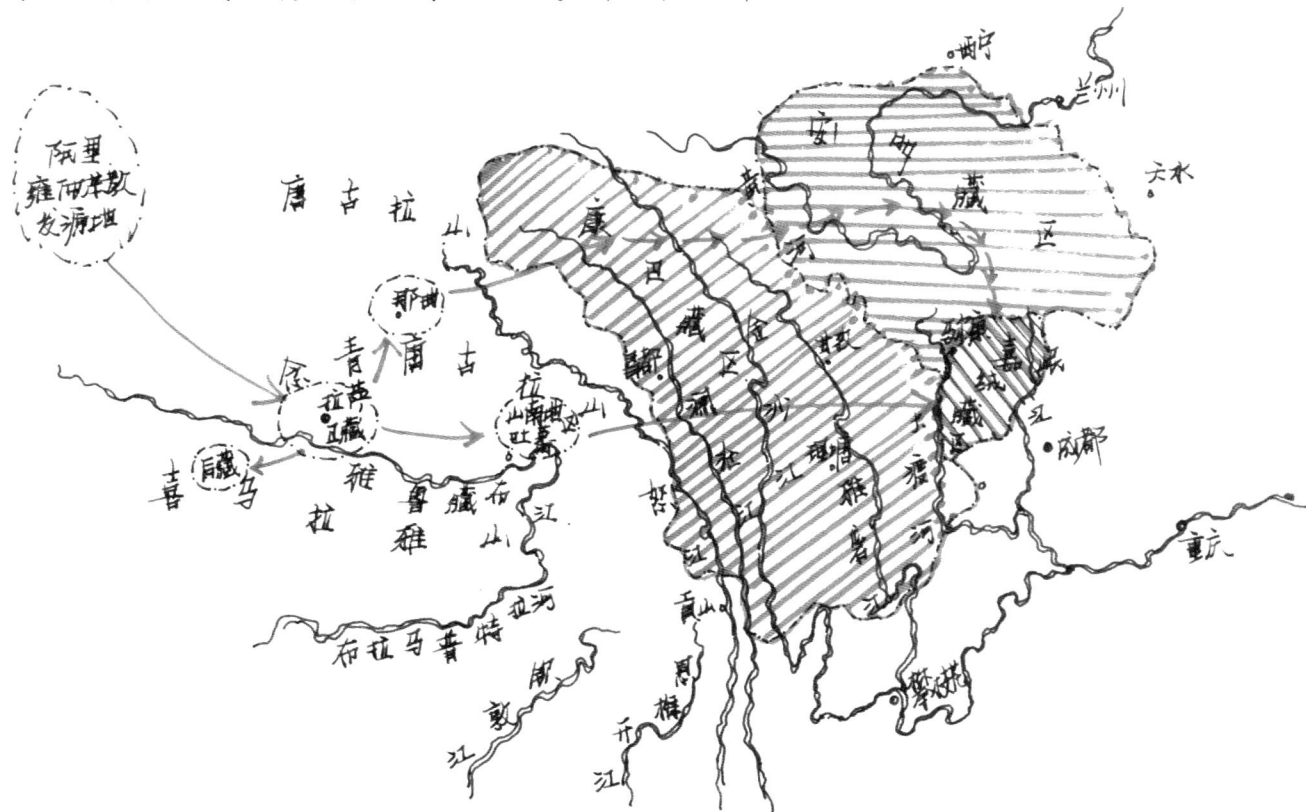

图1-01 三大藏区地理区位示意图 来源：自绘

1.1 康巴藏区

行政范围：包括西藏昌都市，青海南部的玉树藏族自治州大部分，四川甘孜藏族自治州，四川凉山彝族自治州木里藏族自治县，云南迪庆藏族自治州等地区。

地理范围：青藏高原的腹地和川藏高原的西北部，地理范围大致与横断山脉重合，覆盖怒江、澜沧江、金沙江以及雅砻江的上游流域，为高山草甸与峡谷湍流并存的地理环境，康巴藏族主要聚居，海拔落差大，高原人居聚落平均海拔3600米，有世界最高的城镇石渠县城，海拔4200米，海拔低的人居聚落集中在金沙江干热河谷地区，海拔2000~2800米。

藏学体系：康巴历史和文化是藏族历史和文化的重要组成部分。以康巴藏区和藏族为研究对象的康巴研究（康巴学）是中国藏学的有机组成部分。历史上有"治藏必先安康"的古训，当代又有"稳藏必先安康"的战略审视。

族源族系：康巴藏族的族源非常复杂，民族学考证认为康巴藏人是马其顿帝国东征驻留的雅利安人和本土藏族的混血后裔，也有后来归附唐朝的匈奴人的基因，因此康巴人身材高大雄壮，脸部轮廓分明，和亚洲蒙古人种大不相同，因而称"人域康巴"。

康巴地域建筑：康巴藏居粗犷浑厚，装饰色彩尚黑红。

1.2 安多藏区

行政范围：包括青海果洛藏族自治州、海南藏族自治州、黄南藏族自治州，甘肃甘南藏族自治州，四川阿坝藏族羌族自治州北部。安多 Amdo，安在藏语里实发"阿"音，《多麦佛法源流》（又译为《安多政教史》）中说取阿庆岗嘉雪山 (a-cheh-gangs-rgyab) 和多拉山 (mdo-la) 的第一个字，构成了安多，并说从黄河第一弯以下至汉地白塔寺（在永靖）以上的区域，为安多。

地理范围：包括横断山系之大雪山脉和邛崃山脉分割的大渡河与岷江上游，为北高南低的山间草原组群，地貌起伏大，微地理单元丰富，草场平均海拔 3600 米；都是优良的天然牧场，藏族地区最丰美的草原均在安多，安多盛产宝马良驹。草原为藏族游牧民提供了生存空间，并相应地产生了高原游牧文化，即适宜于高海拔地带的一种生活方式，积累了丰厚而实用的高原生存经验。

族源族系：安多地区系典型的高原牧区，夏商之时就有匈奴、氐羌等部族在此生息，公元 7 世纪佛苯之争落败的苯教东迁，一批吐蕃老氏族也随之迁移到安多地区，而后藏传佛教开始向安多地区传播，先是疏离政治的藏传佛教宁玛派东传，而后与政权结合紧密的藏传佛教格鲁派也东扩进入，公元 15 世纪以后，安多地区由于藏传佛教的文化侵染，以及吐蕃人与氐羌、蒙古人、先秦部族后裔的融合，形成了如今的安多藏族。民族学上的研究都是文献考究和推测，族源划分以语言语系为依据，过往的刀光剑影和民族战争逐渐散去，宗教在历史的纠纷中起到了糅合与大同的作用，在文化上塑造了安多藏人。

1.3 嘉绒藏区

行政范围：包括四川甘孜藏族自治州的丹巴县、康定县部分地区，四川阿坝州金川县、小金县、马尔康县、理县、黑水县、红原县和汶川县部分地区，以及雅安市宝兴县等地。

地理范围：系青藏高原向成都平原跌落的皱褶山地，大渡河，岷江上游流域，全部在高山峡谷地带，以河谷农业生产为主，系藏羌民族走廊。藏区称这地区的藏民为"绒巴"，即：农区藏人。（见图 1.3-01）

族源族系：据汉文史料记载，古代生息、活动于今州境地区东南部河谷一带，称之为"嘉良夷（嘉梁）""白狗羌""哥邻人""戈基人"等民族，为这一地区的土著先民，主要是川西岷江流域的羌人。唐时与吐蕃人移民及驻军融合后，成为藏族。嘉绒地区解放前的地方土官常说自己的祖先来自西藏，汶川县境内的瓦寺土司、金川县境嘉绒藏族的绰斯甲土司、雅安地区宝兴县境的穆坪土司等都有渊源于西藏的族谱记载。杂谷土司、梭摩土司祖先是唐代吐蕃大将悉坦谋。

《安多政教史》载："多麦南北的人种大部分是吐蕃法王（按：指松赞干布）安置在唐蕃边境驻军的传人，……"。在公元 5~6 世纪时，嘉绒地区人口很少，为措巴首领割据称雄时期。公元 7 世纪初叶，吐蕃赞普松赞干布统一了吐蕃，嘉绒地区也统一于吐蕃之中，由赞普的将领充任嘉绒各地首领。嘉绒地区在《安多政教史》一书和讲藏语安多方言的藏族中称'查柯'。其因是："历史上吐蕃赞普曾派遣大臣柯潘前来嘉练地区担任首领和武将，他的官邸在松岗以北，吐蕃王室在圣谕和公文中称他为'嘉木查瓦绒柯潘'或'查瓦绒柯潘'，简称'查柯'。柯潘是从西藏四大家族之一的扎族中招募来大批士兵的指挥官，主管唐时吐蕃的"西山八国"。

古代称之为"嘉良夷""白狗羌""哥邻人""戈基人"等的"羌、氐、夷"等族，实为"皆散居山川"的土著居民。在吐蕃第九代赞普布德贡甲时期，即大约东汉顺帝时期（公元 126 年），吐蕃地区最原始的佛教——雍仲本教，就由吐蕃传入了州境，并逐渐兴旺起来，吐蕃文化的传入和对嘉绒藏族古代先民的影响始自东汉，印度佛教则晚于 8 世纪吐蕃王朝赤松德赞时期才在州内发展起来。由于宗教文化为中心的吐蕃文化的长期影响，印度佛教（早期是雍仲本波教）逐渐成为上述民族全民的信仰，加上吐蕃人大量移民和军事占领与统治，经过一千多年的融合、同化，与吐蕃人长期的相互交往，从而形成今日统一的嘉绒藏族。

民族学一直认为：嘉绒藏族是吐蕃人东侵时期吐蕃驻军及移民和下象雄土著长期融合形成的一个民族。在西藏的藏族人眼里他们是藏族原始四大姓氏扎氏的后代。嘉绒人一直到 1954 年都被认为是一个独立民族，从民国初年直到 1953 年前的文献都将嘉绒地区的民族称为"嘉绒族"。1950 年代初期，中央民族学院还设有"嘉绒族研究班"，创制了嘉绒拼音文字，记录当地的民间故事。新中国成立后第一次全国人民代表大会前对全国各民族进行识别中，从地域、文化、历史渊源、血统、语言和宗教诸多方面考证调查，识别原"嘉绒族"其实是古老藏族的一支系。1954 年在第一次全国人民代表大会上宣布将"嘉绒族"识别为藏族，从此，为方便称呼便叫称"嘉绒藏族"。

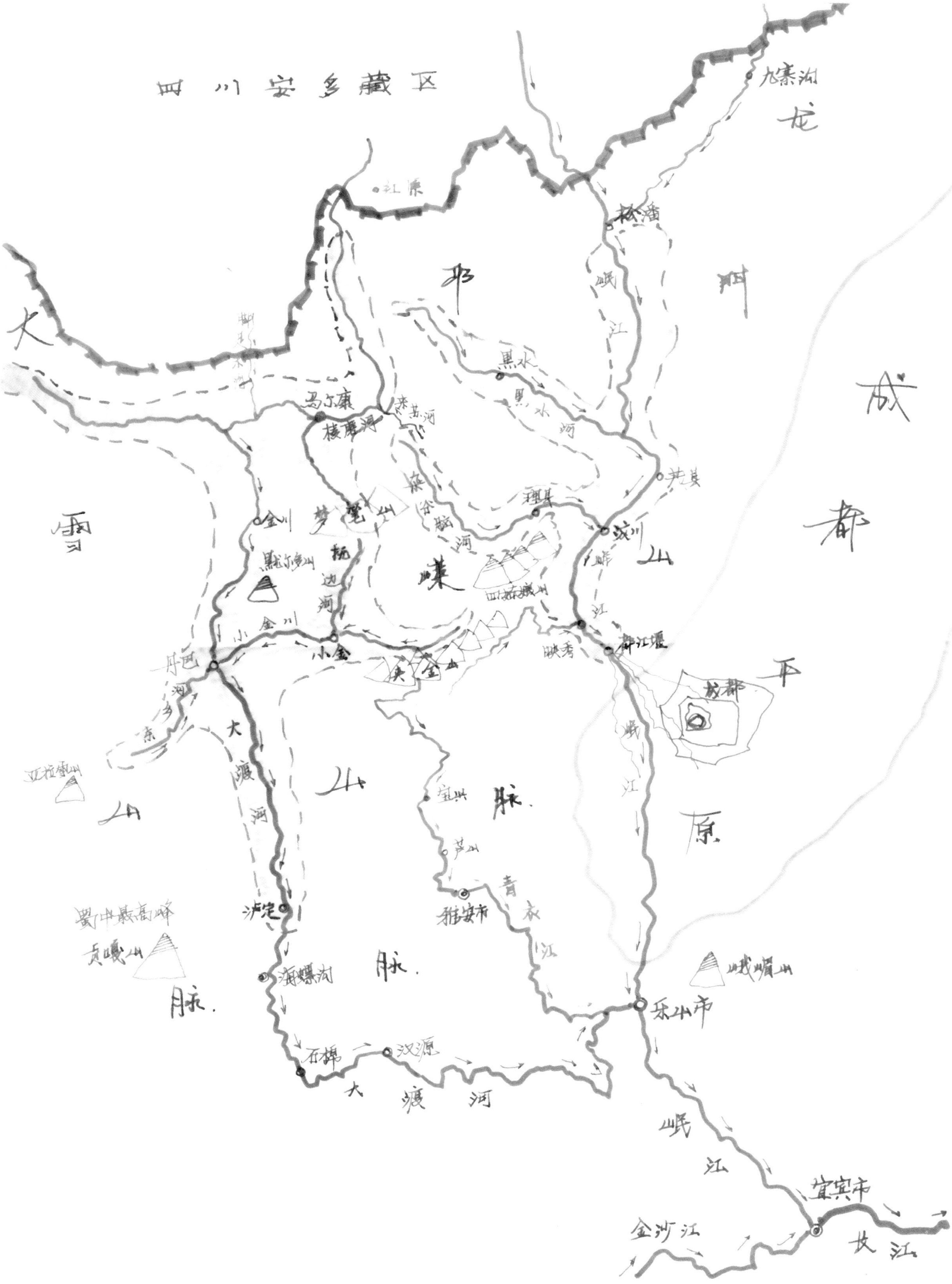

图 1.3-01 嘉绒藏族聚居流域示意图（大渡河、岷江之上游流域地区）　来源：自绘

2. 三大藏区传统村寨聚落与民居特征概要

2.1 康巴藏寨及其民居

康巴藏区的地理形态在三大藏区中最为丰富，占据了青海西北大片肥沃的草场，以及横断山系西部和中部大部分地域，既有规模化的牧区和农垦区，也有河谷。康巴藏区的宗教信仰总体上以藏传佛教格鲁派为主。在四川康巴藏区则同时盛行藏传佛教宁玛派和雍仲苯教。

民居多为二层基座，三层局部收缩成露台，建筑形体方正，一层设有向院外开的窗户，用作牲口圈、草房或车库。中层住人。这一层除了卧室、客厅客房、厨房仓房和厕所外，还布置了专门供奉神佛的经堂，宽敞华丽。住室、客厅部分彩饰装修异彩纷呈，横梁、天花板布满彩绘雕饰，花花绿绿，勾金描银，镶珠嵌翠。（见图2.1-01、图2.1-02）

聚落的形态及建筑用材因丰富的地理单元而具有其多样性。石材有花岗石、云石、石灰石等，四川稻城地区就是高原花岗岩的盛产地，石材的美学品相不高，但抗压强度高，因而，该地区的民居坚固殷实，厚重雄浑；乡城地区则喜爱白色石灰外饰墙面，在深秋红叶的簇拥下，显得净洁高雅。总体而言，康巴藏居木作较多雄壮，色彩较隆重，尚黑，暗红色。

2.2 安多藏寨及其民居

安多藏族生活在羌塘高原，其地理范围包括甘肃省甘南藏族自治州和天祝藏族自治县，青海省的海西蒙古族藏族自治州、海北藏族自治州、海南藏族自治州、黄南藏族自治州、果洛藏族自治州，四川阿坝的北部和甘孜州的色达县等。

安多藏区基本为牧区，高原牧场为主，以养殖牛马为主，也称"马城安多"。宗教信仰以藏传佛教格鲁派为主，四川安多藏区如红原、若尔盖、松潘还活跃着苯教。高原草场的地理环境决定了石材难得，因而民居多用夯土砌筑，是桩廊夯土的典型代表。这样的处理手法使得墙体坚实、厚重，一般外承重夯土墙的厚度由0.5~0.8米不等，层层夯实，其中也掺杂麦秆、碎石等材料用以加固墙体，使建筑牢牢地嵌在基地中，抗震能力也比较强。

因为环境、材料等的制约，安多藏区的民居建筑造型大都比较厚重，颜色也较为偏暗，立面上的封闭性比较强，外立面开窗小而少。这样对于早晚温差大，冬季寒冷的藏区来说，可以有效地起到保温隔热的作用。同时，对于早期生活在山区、各民族杂居交汇处，有利于安全防御，但不利于通风采光。
整体上看，建筑质朴，土坯质感，木作更为简洁，因在草场立基筑屋，所以占地大，屋前有围墙限定的大院子。过去也用于砌筑牲畜围栏。如今建筑多为一字形体。高原牧区普遍兴起集中的牛马暖棚，院子就多用于家庭种植和机动车停放。（见图2.2-01）

图2.1-01 康巴藏族村寨及其民居——甘孜州稻城县桑堆乡吉乙康巴藏村
来源：来自网络

图2.1-02 康巴藏族村寨及其民居——甘孜州乡城县青德乡仲德村藏居
来源：来自网络

图2.2-01 安多藏族村寨及其民居——阿坝州阿坝县嘎甲安多藏村
来源：来自网络

2.3　嘉绒藏寨及其民居

嘉绒藏族主要生活在川西北阿坝州和甘孜州的部分地区，大渡河与岷江流域中上段的高山峡谷地区，主要从事河谷农业生产。由当地古羌部落先民与吐蕃移民、戍边驻军融合后形成的。嘉绒藏族文化古老，语言中仍保留有古藏语的成分，由于多方面的因素使其在生活方式、服饰、民风习俗以及建筑文化上不同于牧区藏族，尤以建筑文化为最。建筑主要以民宅和碉楼为主，同时建筑在形式、外观上与地域、文脉、和宗教有着密切的联系。

图2.3-01　嘉绒藏族村寨及其民居——甘孜州丹巴县中路乡藏寨单碉建筑群
来源：来自网络

嘉绒藏寨的选址一般在河谷台地或高山斜坡上，周围树木葱郁，满是果树和农田，建筑依山起势，色彩斑斓，典型的代表有：马尔康县卓克基镇的西索村、丹巴县甲居乡村落群、丹巴县中路乡村落群，（见图2.3-01）丹巴县梭坡乡村落群、黑水县色尔古寨、理县甘堡寨等。民居一般分3层，最高一层只有一间，传统上是经堂的位置。经堂的外面是二层平顶，经堂屋顶以及晾台的各个角砌垒着白色的石块，形成四个尖角。在晾台的矮围墙上都建有煨桑（香炉）。主楼的两旁位置是矮一些的房间，砌至两层，设有大厅为起居空间。前方留做走廊通道，檐有彩绘的斗拱。大厅室内放置锅庄，又称"火塘"，待客与日常餐饮均在火塘周围，"火塘"上方为尊贵席位，供客人和长辈就座，左面是主妇座位，是固定的打酥油茶处，橱柜佛龛设在主妇后座，均精雕细镂。

院子的一侧建有一排睡觉用的耳房，墙壁自下而上逐渐收分，倾斜5°～10°，屋面檐口出挑很深，有效地遮挡住了高原强烈的阳光，同时又在墙面上投下很深的阴影，增加了房屋的阴影感。外墙的颜色以泥土的本色为基调，最高部位横列着白、黑、红三条色带（分别代表观音、文殊、金刚菩萨），外墙的底部刷着白色的波浪形花纹，这种用色，一方面来自对"白年神"的崇尚，另一方面来自佛教的影响。佛地崇尚白色，藏传佛教也视白色为神圣、崇高。

藏红色矿物颜料通常涂刷于宫殿、寺庙的外墙，以示威严，民居只能在女儿墙边或屋檐下边沿有一圈窄窄的带状红色装饰，白黑红相间搭配使建筑生动而富有生活气息，也使屋顶和窗户格外突出。屋顶修成尖角，或是垒放白色的玛尼堆，象征藏民的圣物——牦牛角，可以起到驱灾辟邪的作用。窗户的设计很讲究，窗檐错落2～3层，檐下形成斜坡，适应了高原日照强烈的气候特点，阳光打在窗台上，而室内处于阴影中，给人带来凉爽的环境。而冬日则光照洒遍全屋，达到后墙，给人带来温暖，还使逐层排出的小椽上的彩画装饰互不遮挡。

嘉绒藏区素有千碉之国的称谓，在大雪山脉、邛崃山脉、和龙门山脉之间的河谷和高山台地，耸立擎天的石砌碉楼随处可见，碉楼成了嘉绒藏族建筑艺术的标志。碉楼的制高点是瞭望放哨之室；再下来是枪弩射手们的住地；壮男强丁的集中地；中间是妇孺们的避难所；公私物资的囤居地；最下层有粮食饮水的储藏室；有厨房灶具等，每层都有自己的功能，每层都有合理的安排，楼层之间由活动木梯相连。嘉绒藏居的碉楼的工艺要求很严格，对力的掌握，倾斜度的分寸都拿捏得很好，是藏族建筑的绝活。碉楼有四角形、六角形、八角形，最多的有十三棱形，各种形态都从实用功能出发，又力求符合藏族的审美情趣，呈现出力与美相结合的纷呈姿态。墙以石块加木枋和泥浆调缝，采用内直外收的方法修砌，墙底厚0.8米，顶厚0.5米，各层建筑自第二层以上层层靠内收成台，北墙东半部，西墙北半部自底直通顶部，使整个建筑由南向北由东向西成阶梯拾级而上。底层为畜圈，二层为客厅和厨房，三、四层住人，五层南为经堂，北为库房，经堂前为晒台，六层以上皆为各类库房，四层以上各层外有走廊，晒物架（同时亦有栏杆），房顶为平顶。每层顶以粗树干纵铺作梁，梁两端砌于石墙体内，梁上密铺树棍，当地称"桷子"，再上铺树枝，当地称"扎子"，然后填泥夯紧，最上面铺木板作为上层的地面。房顶则以夯土石作为屋面。二层以上每层皆开有大、小窗若干，其中心窗孔战时又可作射击之用，类似城堡上的枪、炮孔，内大外小。碉楼大门入口处通常做兽形装饰，也有的采用龙的图形，形态、造型、雕琢上都很粗放，与碉楼所用的块石、木枋、土墙协调，符合藏族的审美情趣。与碉楼相配套的还有碉房，将房屋整体建成一座平面呈长方形，立面四角碉的平面平顶式房屋。工艺上用石块拌泥砌墙，墙底部厚、顶部收缩为一般底部的50%厚度，具体按所建碉房的楼层高度决定，结构布局与碉楼的上、中、下层基本相同。它的特点是以普通平顶式碉房后部再建一四角碉，碉顶高于房顶，碉与房相通，平时进居于房中，贵重用品和食用物资存于碉中，遇有匪情警报，人进入碉中据碉防守。碉中二楼以上墙体开有很多大小不等的观察射击窗孔，都是用石砌成，外留一缝口，内成扇形，有利于采光，对外警戒以防不测，而外面又不容易发现目标，遇有战时，便于抵抗，各层之间用木梯连接，可随时抽取，自成堡垒。这种建筑特点与旧时的藏族社会抢掠仇杀风气有着紧密关联，特别在偏远山区物资贫乏、民风强悍剽野，抢掠与自卫的实际需要发育了这种结实、精巧、独特、易守难攻的碉房系建筑，可以说是呕尽心血，工于心计。

3. 嘉绒藏族传统村寨类型

如前文所述，嘉绒藏区是唯一没有跨越省界行政区划的藏区，均在四川省阿坝藏族羌族自治州的行政范围内，聚居于大渡河与岷江的高山峡谷之中，为青藏高原向成都平原跌落的皱褶山地，没有大面积的高原草场，在山间河谷台地和冲积扇执行农耕。岷江进入成都平原（都江堰）的较低海拔山区是羌族聚居地带，岷江支流杂谷脑河就是嘉绒藏族和羌族混居区，理县以南的下游就基本是羌区。嘉绒藏族和羌族长期融合，在宗教信仰、社会文化、生活习俗，乃至建筑营造上都有许多相似之处。

临水而居是不二法则，只能在大渡河与岷江流域及其支流河川中聚居。依据村寨的生境，嘉绒藏族村寨分为 2 个大类。

3.1 高山台地型村寨

嘉绒藏族聚居的大渡河流与岷江流域，是藏羌走廊的交接地带，沿河谷北上则到达川西北高原牧区，这里是安多藏区，南下则通达羌族聚居区；民族学上一直有古羌人经通婚和宗教皈依，衍生为嘉绒藏之说。藏羌走廊的大渡河与岷江的河谷地区，最肥沃的耕地一般在河谷冲积扇或冲击坝，同时由于靠近河谷两侧的"川藏茶马古道"，一般多发育为集市，土司官邸也一般选择河谷冲击坝的高处，多在二台地立基修建。与土司官寨相邻建设的村落，往往承担着集市功能，也是手工艺者和商人扎堆儿聚集的寨子，村民较为富裕，与外界联系较多，见识广思想开放，民居建筑质量好，装饰丰富，木作较为考究，典型的代表为丹巴县中路乡。

图 3.1-01 高山台地型村寨 来源：自绘

3.2 河谷冲积扇（坝）型村寨

嘉绒藏族聚居大渡河与岷江中段，均为高山峡谷，河谷冲积扇与冲击坝非常难得，另一类可耕地则在河谷两侧的高山台地，所谓台地其实是坡度<30%的斜坡，可接纳三面围合山体的汇水，经过上亿年的水土堆积，可开垦为种植用地。高山台地的环境容量不大，绝大多数高山台地耕地面积几十公顷，村寨多则几十户，少则十几户，上百户的村寨很少见，最大的山间台地当数丹巴县的中路乡，这是用地条件最好的山间平坝，水源充足，土地肥沃，集聚了 7 个自然村，是嘉绒藏寨与田园风光最相得益彰的代表，其民居建筑也较为精致考究，由于交通条件的改善，旅游业日益发达，村民在建筑风貌的传承与更新上投入大，热情高。（见图 3.2-01）典型代表有：马尔康县的卓克基土司官寨与其对岸的西索村构成的聚落，黑水县洼底乡的色尔古寨。（见图 3.1-01）

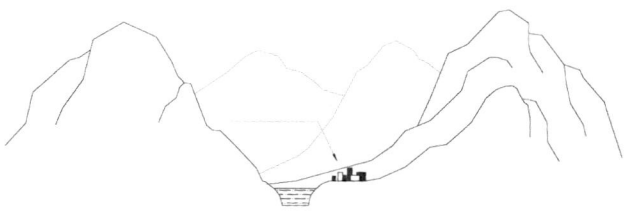

图 3.2-01 河谷冲积扇（坝）型村寨 来源：自绘

4．大渡河流域的嘉绒藏居

大渡河，古称北江、戙水、浅水、沫水、大渡水、濛水、泸水、泸河、阳、阳山江、羊山江、中镇河、鱼通河、金川、铜河等，位于四川省中西部，历史上被作为岷江的最大支流。但从河源学上应为岷江正源。发源于青海省玉树藏族自治州境内阿尼玛卿山脉的果洛山南麓，上源足木足河（其上源为麻尔柯河、阿柯河，在久治县）经阿坝县于马尔康县境接纳梭磨河、绰斯甲河（杜柯河、多柯河）后汇成大金川，向南流经金川县、丹巴县，于丹巴县城东接纳小金川后汇成大渡河，再经泸定县、石棉县转向东流，经汉源县、峨边县，于乐山市城南注入岷江，全长1062公里，流域面积7.77万平方公里，大渡河支流较多，流域面积在1000平方公里以上的28条，10000平方公里的2条，河网密度0.39。

北自四川阿坝州马尔康县，南至甘孜州泸定县的这一流域段为嘉绒藏族的核心聚居区。

4.1 梭磨河谷（马尔康县）

梭磨河，系大渡河东源脚木足河左岸一级支流，发源于红原县壤口乡境内的羊拱山西北麓，壤口以上称壤口尔曲，壤口以下称梭磨河。流经刷经寺、马塘、王家寨、梭磨、卓克基、马尔康、松岗等地，于热足下游两公里处汇入脚木足河。流域面积3015平方公里，河流全长182公里，河道平均坡比10.2‰，河口年平均流量60立方米每秒。

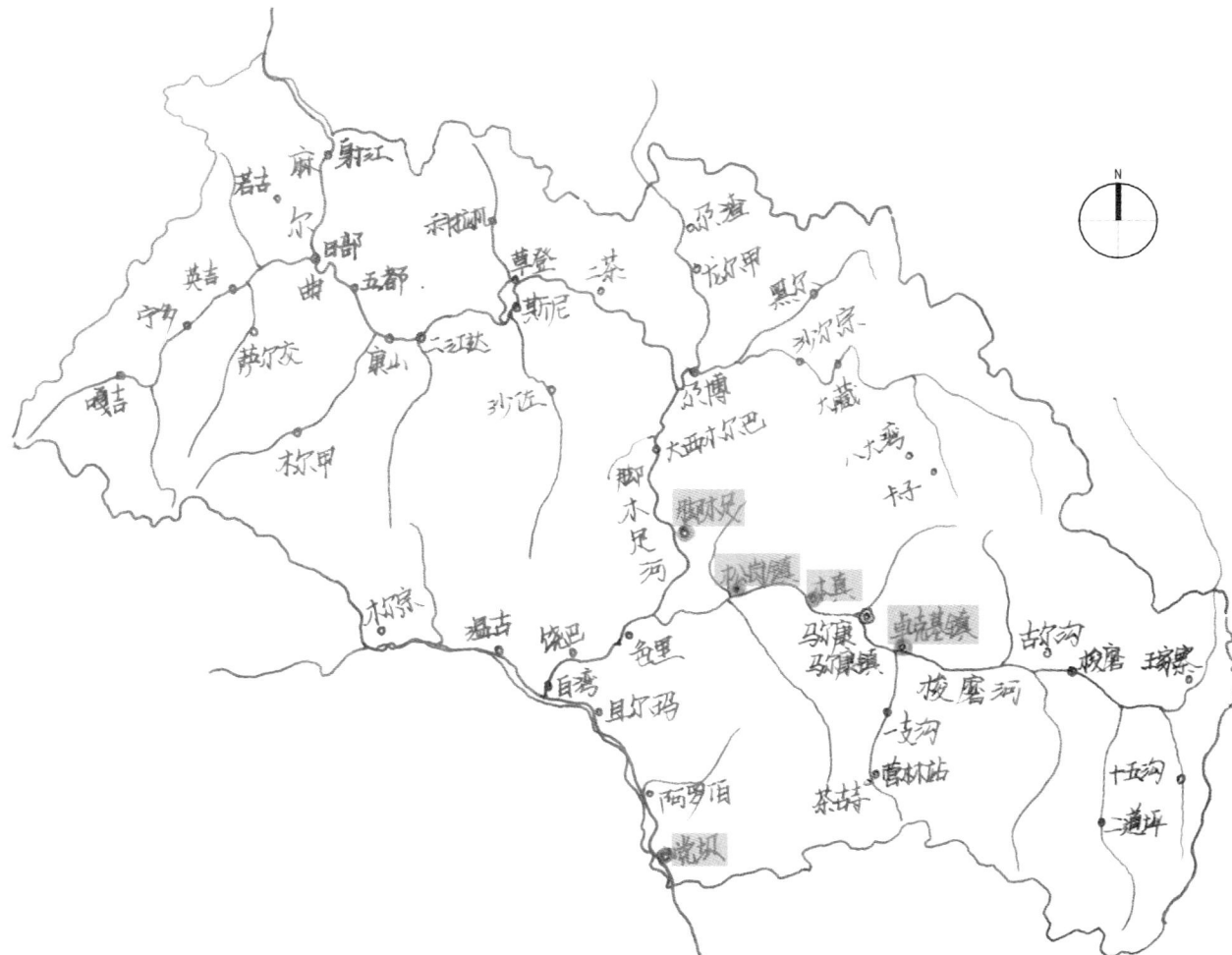

图 4.1-01 大渡河上游支流梭磨河谷－嘉绒藏族聚落分布示意图 来源：自绘

4.1.1 马尔康县卓克基镇

卓克基，嘉绒藏语意为"至高无上"，原卓克基土司驻地。该镇总面积298平方公里，辖查米、西索、纳足三村，镇政府驻地海拔2680米。全镇境内为高山峡谷地带，属邛崃山脉，为大陆性高原季风气候，具有明显的山地气候特征。

■卓克基场镇有二个值得称道的历史遗存：
　　　　1/ 卓克基土司官寨
　　　　2/ 西索村

■　卓克基土司官寨——全国重点文物保护单位

卓克基土司始封于元代（公元1286年），第一任土司为斯达崩。清乾隆十五年（公元1750年），因随清军征大金川有功，擢升长官司职，共延续665年，繁衍17代。官寨既是土司办公的衙门，也是土司及其家眷生活的地方。现存土司官寨始建于1918年，1936年毁于大火，1938年由第16代土司索观瀛在原址上进行重建。

时任土司索观瀛熟读四书五经，能讲流利汉语，精明好学。在索观瀛的官寨有一间叫"蜀锦楼"的房间，收藏有大量的藏文和汉文典籍。1935年红军长征期间，毛泽东、朱德、周恩来等曾在官寨居住一周。官寨的"蜀锦楼"里藏书丰富，一本线装《三国演义》还放置在大理石书桌上，嗜书如命的毛泽东甚感惊讶，对卓克基土司也有了新的认识。毛泽东不但在官寨内饶有兴趣的重读此书，离开官寨后还将此书带在身边借读。在官寨居住的7天时间里，毛泽东等人谈古论今，指点江山，并对官寨进行详细的考察研究。毛泽东曾感叹："古有郿坞，今有官寨；土司的这个城堡应该是我们在长征途中见到的最有特色的建筑了。"

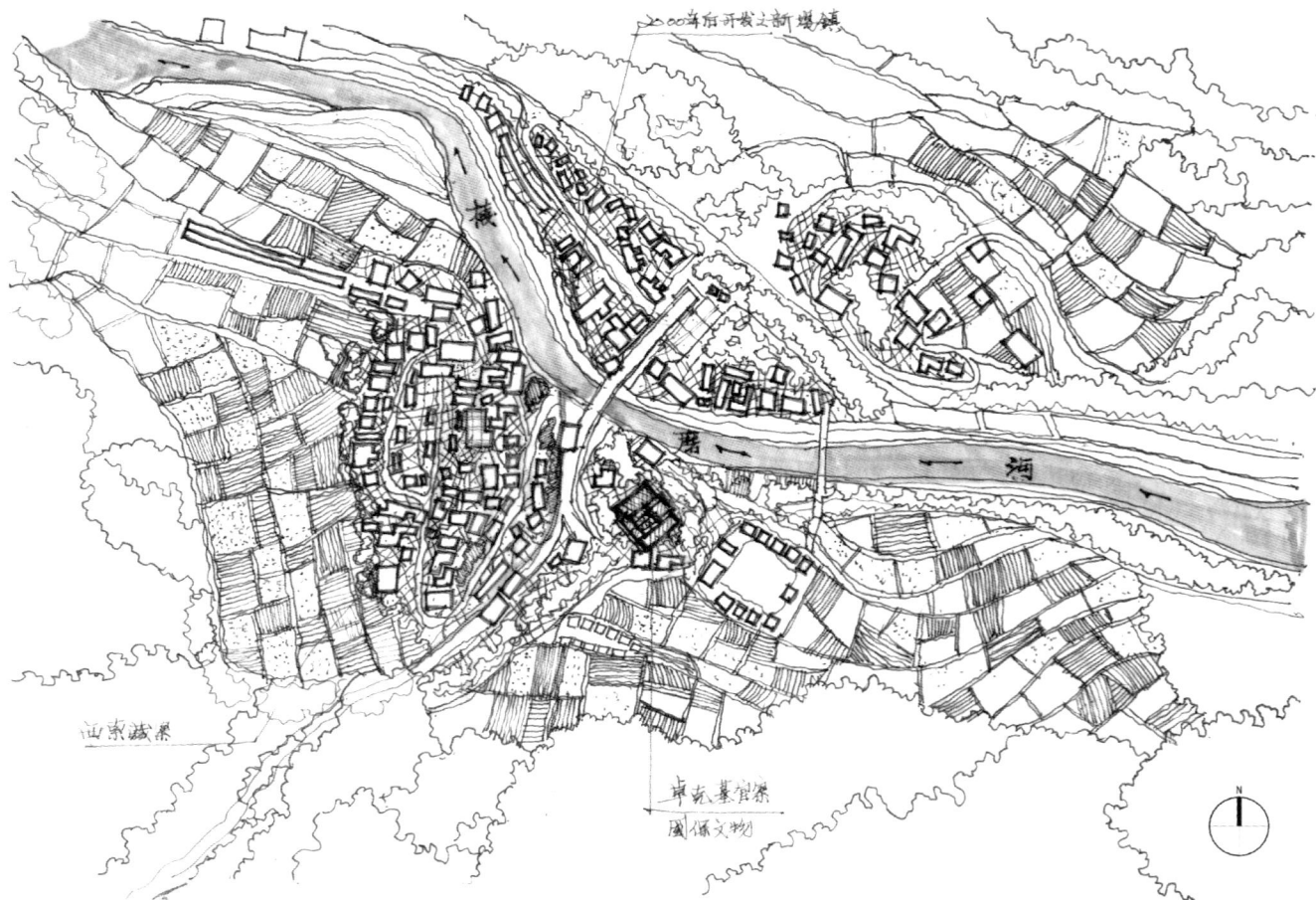

图 4.1.1-01 马尔康县卓克基镇西索村＋官寨手绘总图 来源：自绘

这里也是茅盾文学奖获得者、著名作家阿来的小说《尘埃落定》故事背景地，也是著名电视连续剧《长征》的开机地和外景主要拍摄地，1988 年被列为全国第三批重点文物保护单位。整个官寨占地面积 1500 平方米，有大小房间及展示厅 63 间。官寨坐北朝南，由四组碉楼组合为封闭式四合院。建筑规模庞大，高大雄伟，构造精巧，囊括了嘉绒藏族石碉古建筑风格于一体，融世俗与宗教建筑理念为一身，独具魅力的城堡式建筑。官寨分东、西、南、北四幢楼，楼层都采用汉式回廊，回廊外用汉式花窗与嘉绒式窗花做装饰。整栋建筑为穿斗式结构，未用一钉一铆，表现出高超的建筑艺术。官寨中，嘉绒文化展示区主要集中在一楼及四楼的部分楼房，分为厨房、经幡房、社稷房、银厅房、酿酒房、衣饰房等 12 个展厅。二楼主要是红色文化展示厅，共 11 个展厅。三楼主要展示土司文化。五楼及四楼的部分房间为宗教文化展示厅，主要有文经堂、红教殿、黄教殿、长寿殿、狮面空行殿、禁食斋、僧人住房等 8 个展厅。卓克基土司官寨是阿坝州藏羌文化走廊上的经典旅游景区。

1984 年，美国著名作家、《纽约时报》总编辑索尔兹伯里来到马尔康，盛赞卓克基土司官寨是"东方建筑史上的一颗明珠"。

卓克基官寨选址于梭磨河与纳足河交汇的台地上，官寨与西边的西索村隔纳足河相望，官寨坐东北朝西南。官寨平面形式接近于方形，内有天井，形成四周全被房屋围起来的空间构形，天井成为官寨的中心甚至是核心的领域，显示了官寨的内向中心性，象征着土司家族及其集团的向心力，反映出官寨内不同层次的等级关系，同时中轴对称，从而使官寨的空间形态具有了一定的秩序。

内院面积约 1200 平方米，庭院一层靠设有一圈环廊，官寨南楼为两层，底层有正中大门入内，系门厅兼围廊。二层为会客厅，中间为土司接待汉族官商的专门场所，两侧为客房，从中可看出土司对汉人的重视程度，客房配设露台，用于沐浴阳光，观赏景色，又兼有宗教性质和防御功能的场所。北楼五层，为宗教场所，一、二、三层为库房、客房、厨房、茶房等。四、五层为红教、黄教活动场所。正中为大教堂，上下贯通四、五两层，高大宽敞，气势非凡，黄教、红教小经堂各两个，于四、五层对称排列在大经堂两侧。东西两楼四层，为土司、土妇及家眷的住房、书房、厨房、库房及当班大管家、小管家、杂役的住房。木制回廊作为同层各房间的联系通道。

官寨背阴向阳，以天井为核心所形成的围合之势，正是为了聚之有气，藏之有能。这种聚纳"天地生气"的封闭格局产生了土司和官寨所希望的那种权势和空间上的领域感，轴线向前方延伸，指向二加珠山和柯基多山所形成的山谷正中，官寨坐东北朝西南，北有梭磨河的阻挡，东有二加珠山作为屏障，西有西索村的护卫，南有开阔的视野，近乎封闭的空间，有利于防御（见图 4.1.1-02）。

图 4.1.1—02 卓克基土司官寨 来源：自绘

■西索村——四川省重点文物保护单位

卓克基官寨西南，跨过纳足沟就是西索村，在土司历史时期被称为卓克基赶枪巴，即"卓克基街"之意，当时居住此地的人多为卓克基土司的科巴（差人）和商人、民间手工艺者，新中国成立后将此地划为西索村一组，西索村始建年代有待考证，据查，连续居于此寨最长者已繁衍数十代人。

图 4.1.1-03 从西索村远眺卓克基河谷 来源：自绘

西索村是现今保存完整，且最具嘉绒藏族文化底蕴的村落，保持了嘉绒先民"垒石为室"的传统建筑风格。房屋四周的墙体均用片石砌成，用黄泥黏结，墙基厚达 1 米，采用内直外收的砌法，石墙如刀切豆腐般整齐，棱角锐利，上窄下宽，整个墙体处于抗压状态，成为建筑的承重主体；加之内部木结构横梁的互相支撑拉合，整个建筑下大上小、重心向内、稳定性强。

图 4.1.1-04 南向卓克基镇西索村场景 来源：自绘

墙砌到最高处,碉楼四角顺势形成角锋,造成一种气势,最高处的石墙边缘加厚,增强立体感。房顶一分为二,前半部分为平顶,三面砌成矮墙;后半部分形成斜山式,覆盖石板或瓦。寨子鳞次栉比、错落有致,远远望去犹如一座壁垒森严的古堡。整个民居从远处鸟瞰,便会惊奇地发现西索藏寨酷似藏族八宝图案中的"花依"图案(状如"中华结",代表释迦牟尼的心),这些线条分明、棱角突出的石头建筑,与周围险峻的山峰,陡峭的崖石等自然环境浑然天成,鲜艳的图腾房、红色的瓦片、飘动的经幡,充满了浓郁的四川藏区生活气氛。

图 4.1.1—05 西向卓克基镇西索村场景 来源:自绘

民居多为3层石砌楼，底层饲养牲畜，第二层是厨房和住宿，三层是经堂和客房。民居建筑形如碉状，也称碉楼，每层楼的窗户都外小内大，窗框很讲究，用上了雕刻、绘画、上彩等技巧，碉楼不仅冬暖夏凉，艺术风格独特，还颇具审美价值。

图 4.1.1-06 西索村建筑群细部 来源：自绘

4.1.2 马尔康县本真乡

本真乡场镇已经成为马尔康县城城区的一部分了，沿北岸的脚木足河沟谷北上有本真牧场和已停业的林场，牧场里实行着半耕半牧的经济，初春时，油菜花在高原的阳光下跳动着耀眼的黄色。深秋时节的清晨，彩林中升起的缕缕炊烟，伴随着几声鸟鸣，好生惬意！

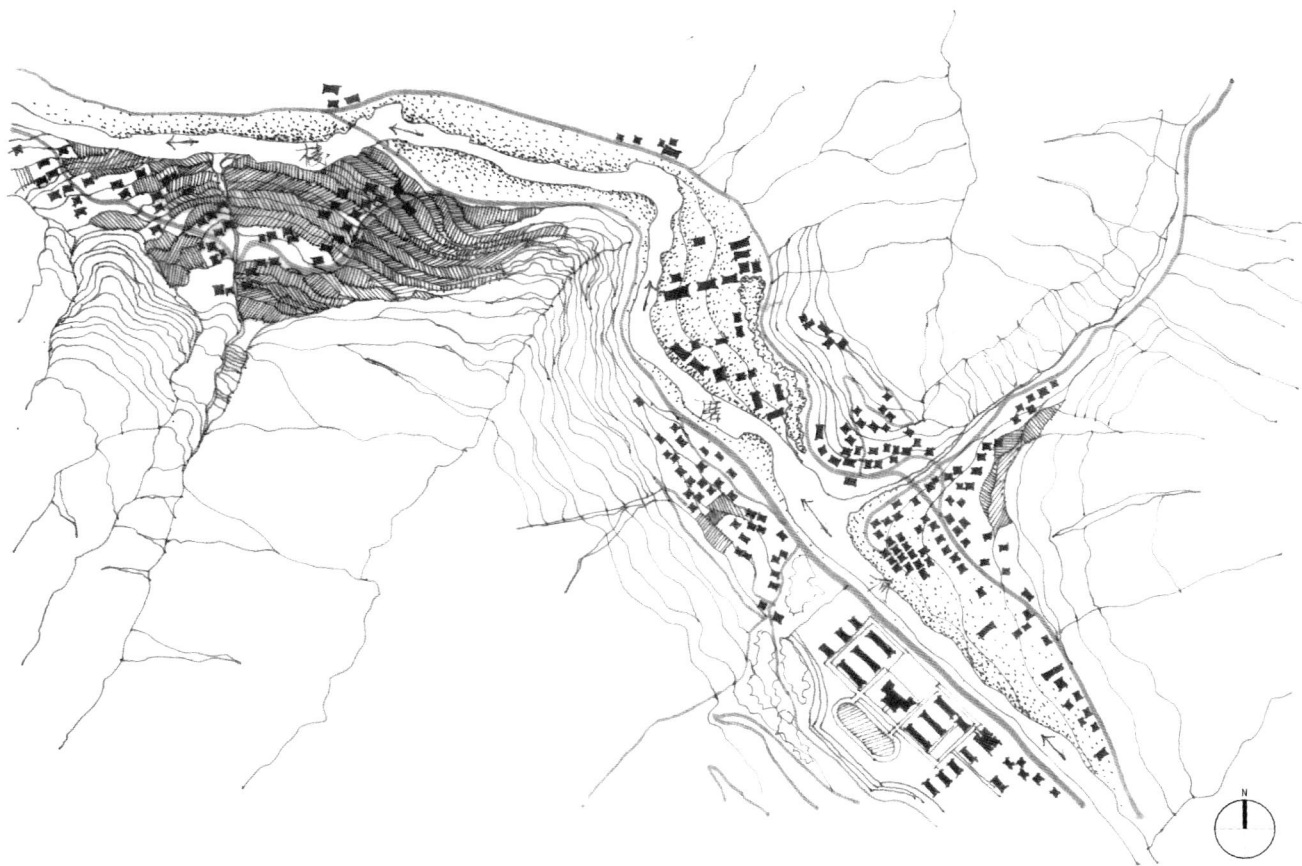

图 4.1.2—01 马尔康县本真乡（木真村）总平面图 来源：自绘

图 4.1.2—02 马尔康县本真乡 初春的油菜田 来源：自绘

图 4.1.2—03 马尔康本真村的秋意 来源：自绘

图 4.1.2—04 东坡半山台地寨 来源：自绘

4.1.3 马尔康县松岗镇

松岗,嘉绒藏语意为"峡谷上的官寨",因原松岗土司官寨设于峡口而得名。松岗镇位于马尔康县城西15公里,梭磨河下游,东接卓克基镇、马尔康镇,南邻党坝乡,西界白湾乡,北邻脚木足乡。镇平均海拔2540米,地形险峻,东高西低,总面积224平方公里,现有耕地面积2467亩、退耕还林地2752亩、林地17万亩、草场8.2万亩。辖莫斯都、洛威、丹波、哈飘、直波、松岗、蒲尔玛、七里8个村,14个村民小组,36个自然村寨,533户、2196人,现有城镇人口200余人。

松岗土司的历史可以追溯到唐代,最初的官寨建在梭磨河西岸的盘果梁子上,大约宋元之际迁至现址,经过扩修形成新老两座官寨。苍旺扎尔甲(1720年~1752年执政)仿照布达拉宫的样式而建,自称"第二布达拉"。官寨墙厚1米以上,设有土司卧室3处,以及梭磨、绰斯甲等土司的寝室和高级客房,还有萨迦、宁玛、觉囊、格鲁、本波五个教派的14间经堂。1936年官寨失火焚毁,火烧了半月,余火持续三月。这座嘉绒藏区最雄伟的建筑至此消失。

梭磨河东南岸河谷口的直波村留存着国宝文物"直波八角碉楼",分南北二碉,建于清乾隆年间由苍旺扎尔甲土司所建,此人在"金川战役"后被乾隆赐死。这位土司占据了四土到理县的大片土地,并企图与金川土司联合控制住这一地区,因而被远在北京的皇帝警觉。碉楼平面内为圆形,外为八角星形,据说两座碉楼有地道相通,还有暗渠引水入碉。南碉位于寨子内,外形修长。碉楼内径8米,外部每角间边长2.05米,墙体下部厚0.95米,顶部厚0.5米,高29米,共7层。

直波碉群系直波八角碉和松岗四角碉的统称。碉是一种古老而奇特的民族建筑,四千多年前的昌都卡诺文化遗址渐露雏形,二千多年前秦汉时期盛行于川西北高原,被史学家视为独特的建筑艺术载入史册,即"居山依山、垒石为石"之"邛笼"。四碉隔河相望,高大雄伟、棱角分明,墙体平整如削,技术精湛、极为牢固,构成了川西北独有的人文景观。

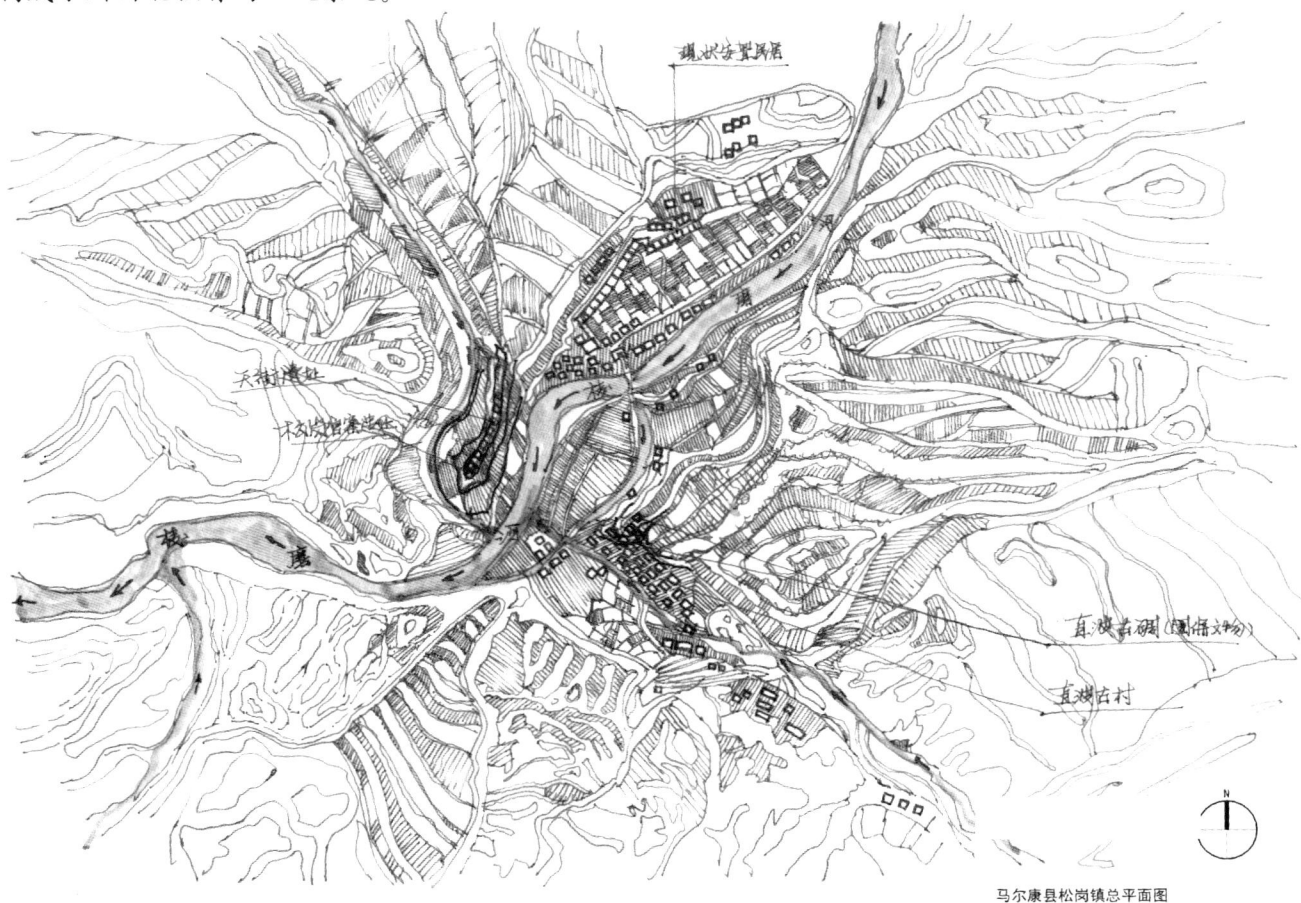

马尔康县松岗镇总平面图

图 4.1.3-01 马尔康县卓克基镇西索村 + 官寨(手绘)总图 来源:自绘

图 4.1.3—02　松岗直波村　直波八角碉　来源：自绘

图 4.1.3—03 松岗直波村 直波八角碉 来源：自绘

图 4.1.3—04　松岗官寨天街遗址　来源：自绘

4.1.4 马尔康县脚木足乡

脚木足乡位于马尔康县境中部，距县府 19 公里。面积 394 平方公里，人口 0.3 万。辖沙市、大坝口、帕尔巴、石江咀、神山、白莎、蒲志、孔龙、大西木尔巴、蒲市口、牧业村 11 个村委会。脚木足乡以露地蔬菜、干水果基地和牛改工程为突破口，大力发展特色农牧业，着力培育海拔在 2500 米以上的农业经济带，进行野生药、菜、菌类的粗加工。

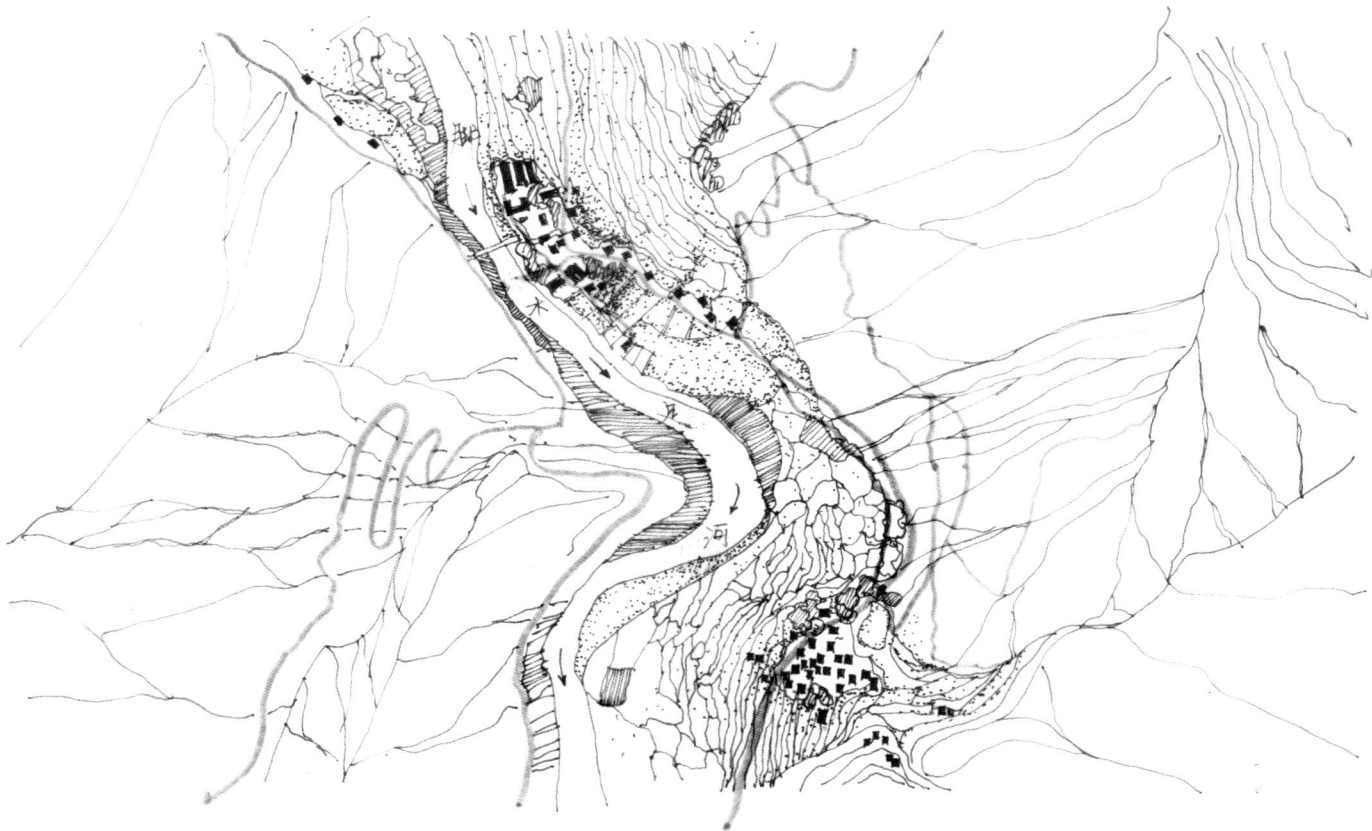

图 4.1.4-01 马尔康县脚木足乡总图 来源：自绘

图 4.1.4—02 西望脚木足乡白沙村八角碉 来源：自绘

图 4.1.4—03　东望脚木足乡白沙村八角碉　来源：自绘

4.2 大金川河谷（金川县）

大金川即大渡河上游，在川西北。清土司治所在今四川省金川县，改土归流后属美诺厅。1936 年置靖化县，1953 年改大金县，1960 年改金川县，隶属四川省西北部阿坝藏羌自治州。金川县境内有许多古石碉，传说是清朝乾隆皇帝打金川时留下的。历史上，清乾隆四十二年（公元 1777 年），乾隆皇帝为了巩固地方政权，提出："治藏必先治川，为使川藏大道畅通无阻，首先得使四川各土司相安无事。"然而金川土司莎罗奔屡生事端，无视四川总督的调解，多次与清廷干戈相见。终于引发了闻名于世的"乾隆攻打金川"的战争，战争从公元 1747 年打到 1776 年，前后历时 29 年，清政府耗费白银 9000 万两，调遣了大半个中国的兵力，终于消除朝廷的心腹之患，两征金川成为乾隆自诩十大武功中的两大武功。金川县盛产金川梨，如今的梨乡大地上，秀丽的大金川到处是迷人的风景。

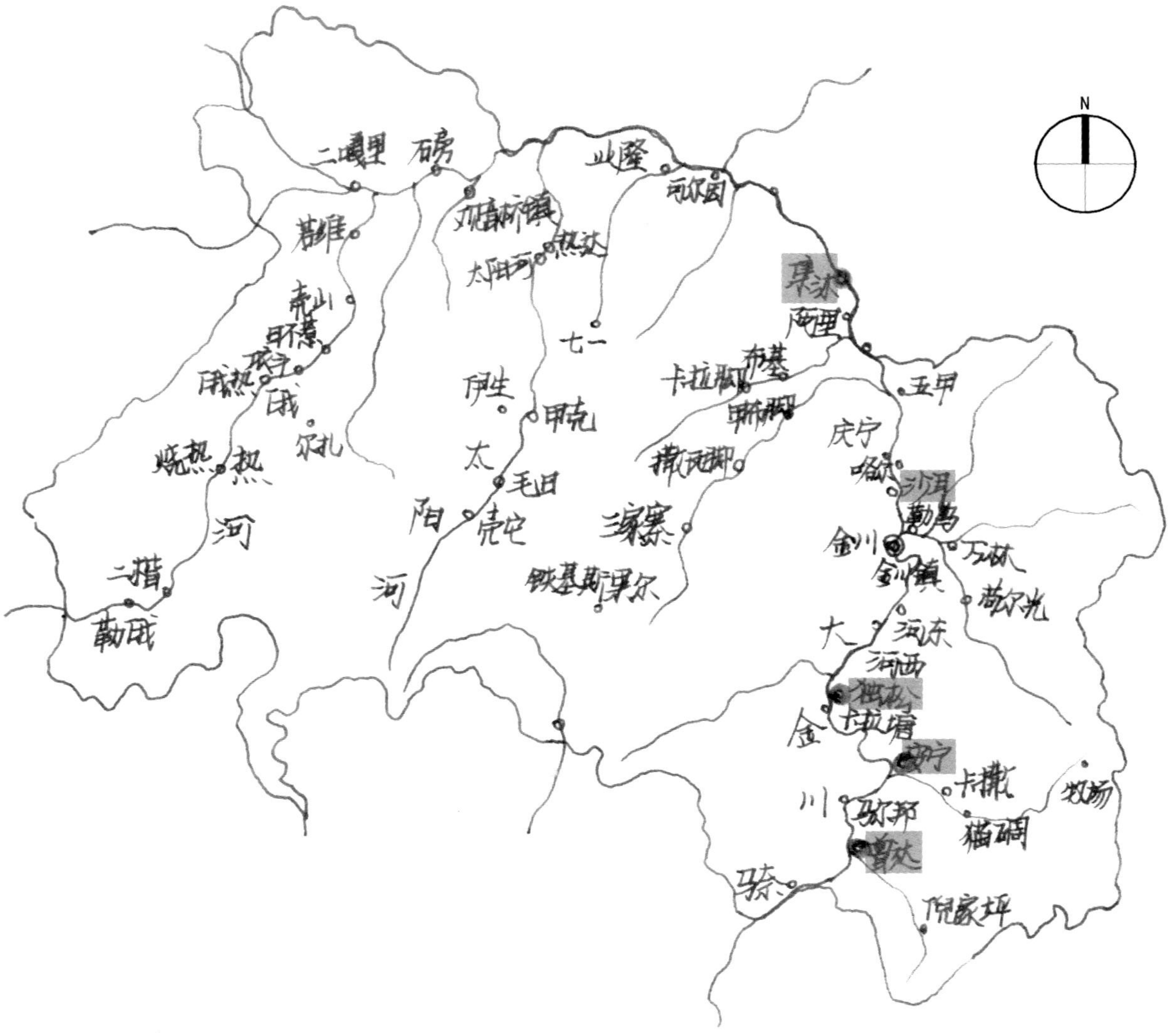

图 4.2-01 大渡河上游金川河谷 - 嘉绒藏族聚落分布示意图 来源：自绘

4.2.1 金川县集沐乡

金川县辖乡。1955年置集沐乡，1966年业隆乡并入改公社，1984年复乡。集沐乡位于县境东部，距县府27.2公里。面积321平方公里，人口0.2万。刷丹公路过境。辖周山、雅京、根扎、业隆4个村委会。农业主产小麦、蚕豆、玉米、青稞。经济林木有花椒、核桃、梨树等，畜牧业以山羊、绵羊、黄牛、奶牛、猪为主。

图 4.2.1—01 金川县集沐乡场镇总图　来源：自绘

图 4.2.1-02 金川县集沐乡阿罗伯村 来源：自绘

4.2.2 金川县沙耳乡

"沙耳尼"系嘉戎藏语译音略称，意为"阳光明亮之地"。1940 年设置沙耳乡。1958 年庆宁乡、喀尔乡并入改团结公社，1959 年析置沙耳公社，1984 年复乡。沙耳乡位于县境东南部，距县府 4.7 公里，面积 53.1 平方公里，人口 0.6 万，刷丹公路过境。辖丹扎木、石达安、山埂子、克尔马、沙耳、沙耳园艺场 6 个村委会。沙耳乡农业主产玉米、小麦。产雪梨、苹果，是著名的梨花之乡，4 月初春，沙耳乡梨花灿烂，漫山遍野，掩映着族群的藏居。

图 4.2.2—01 金川县沙耳乡场镇总图　来源：自绘

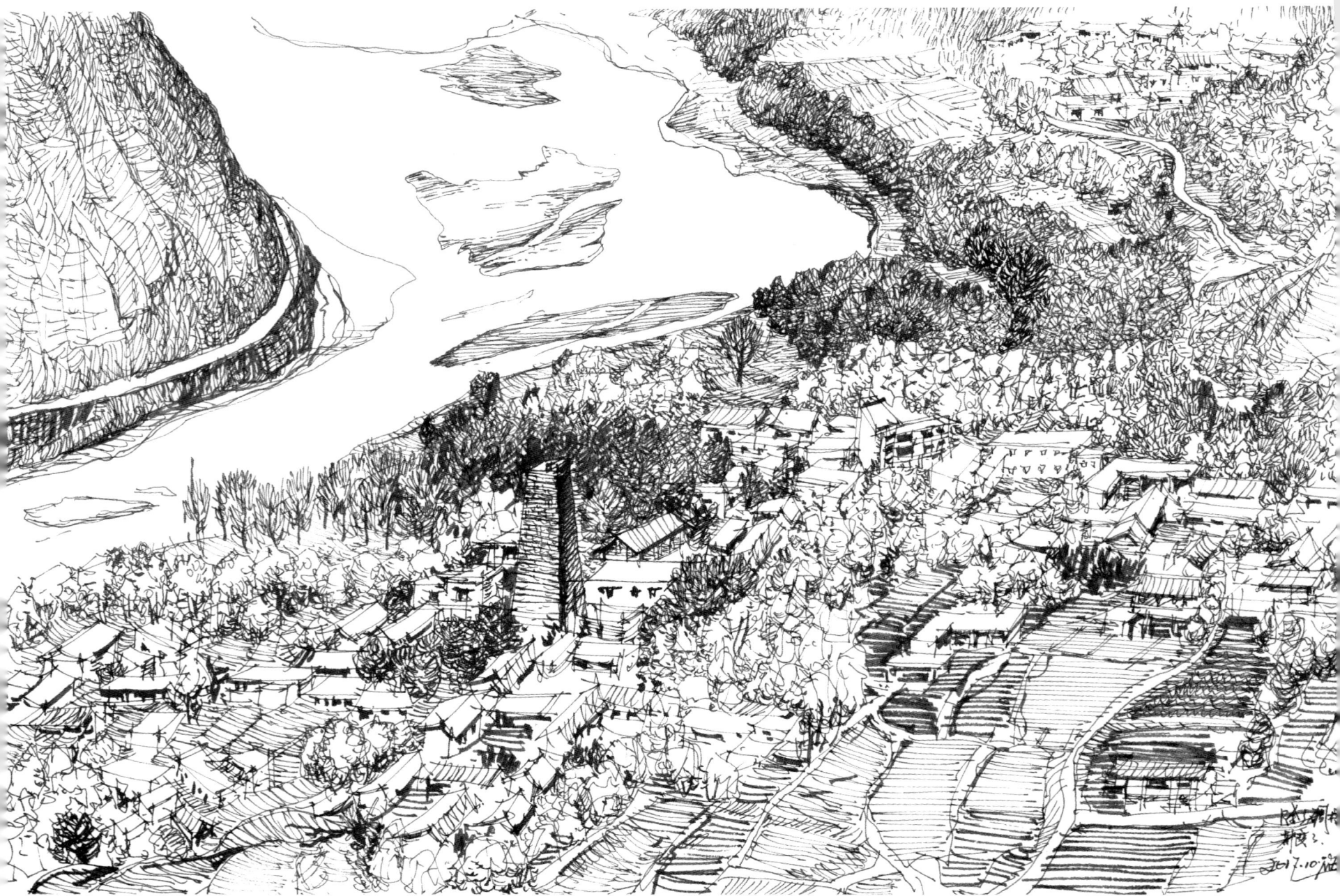

图 4.2.2-02 金川县沙耳乡金坪村 来源：自绘

4.2.3 金川县独松乡

位于金川县中南部，地跨大金川两岸，山高坡陡谷深，海拔在2120～4500米之间，距县城19公里，素有"阿坝州小江南"之称，境内气候温和，日照充沛，年均降水量616毫米，年均气温13.2℃，年均日照2129小时，年均无霜期200天，昼夜温差大，空气、土壤、水质无污染，是雪梨、苹果、花椒、核桃等经济作物的最适生态区。河谷地带农作物一年两熟，高半山一年一熟，主要经济林木有花椒、梨、苹果等树种，这里盛产"大红袍花椒"，这种花椒粒大色红，肉厚油重，麻香兼具，故名"大红袍"。

图 4.2.3-01 金川县独松乡场镇总图 来源：自绘

图 4.2.3-02 金川县独松乡顺坡寨 来源：自绘

4.2.4 金川县安宁镇

安宁镇位于县境南部，距县府金川镇20.5公里。面积161.7平方公里，人口0.4万，刷丹公路过境。辖安宁、末末扎、八角碉、炭厂沟、安宁镇牧场5个村委会。农业主产玉米、小麦、青稞。经济作物有油菜等，境内有清乾隆御碑一座。广法寺是清代皇庙，为嘉戎藏区的著名的苯教寺院。1936年设崇化镇，1951年更名安宁镇，1958年改乡，1966年改公社，1984年复乡。

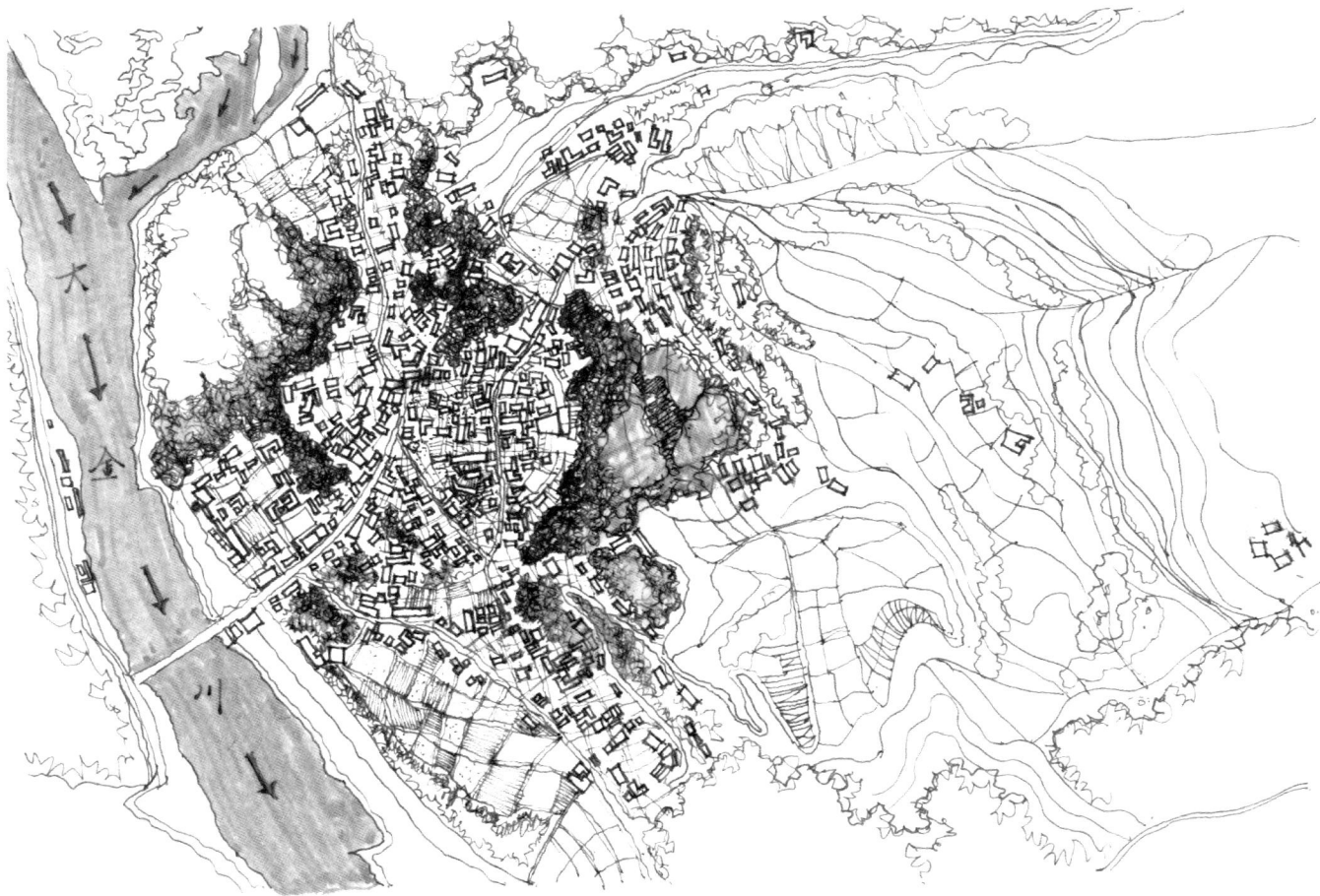

图 4.2.4-01 金川县安宁镇总图 来源：自绘

图 4.2.4—02 金川县安宁镇河谷末末扎村 来源：自绘

4.2.5 金川县曾达乡

曾达乡位于县境西南部，距县府30公里。面积160.5平方公里，人口0.4万。刷丹公路过境。辖曾达、野足沟、木尔都、坛罐窑、倪家坪、海子坪6个村委会。曾达乡农业主产玉米、小麦、马铃薯。经济作物有油菜、大蒜、大麻等。

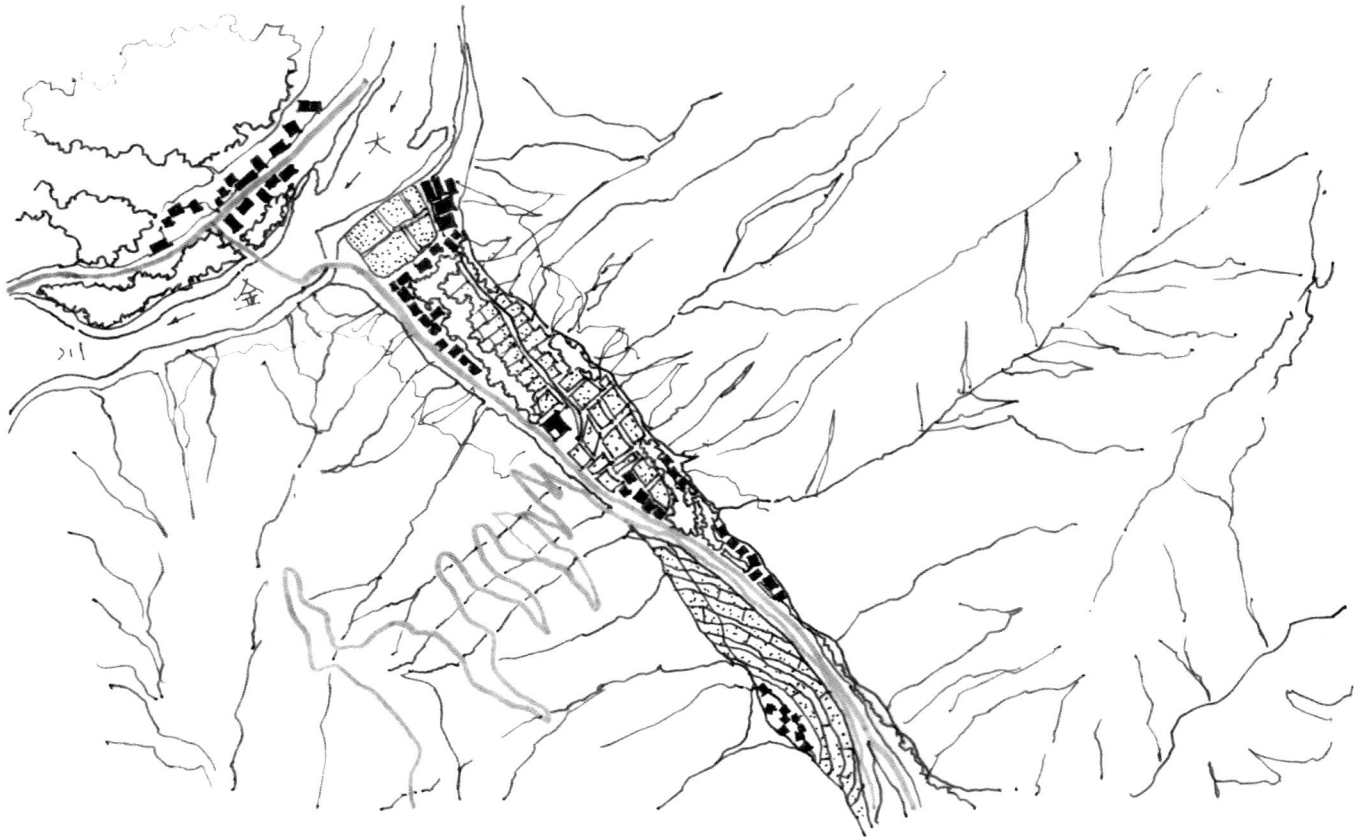

图 4.2.5—01 金川县曾达乡总图 来源：自绘

图 4.2.5-02 金川县曾达乡独立半山碉 来源：自绘

4.3 小金川河谷（小金县）

小金川发源于邛崃山，向西流到丹巴县附近入大金川，小金川沿河产沙金。又为土司名，清乾隆间改土归流，为懋功屯务厅。小金川为大渡河左岸一级支流，干流长151公里，自然落差2340米，流域面积5323平方公里，河口处多年平均流量103立方米／秒，多年平均年径流量29亿立方米。源于梦笔山南麓的抚边河与源于四姑娘山的沃日河在小金县老营镇汇合后称小金川。向西流经美兴、老营、宅垄、新格等四个乡，又集崇德、美沃、沙龙、新桥、四明、日落、马尔铃、沉水等次级溪流，流入丹巴县，在丹巴县城与大金川汇合，始称大渡河。

小金川全长55.5公里，流域面积4741平方公里，总落差160米，平均坡比6.15‰，平均流量92立方米／秒，平均年径流量29亿立方米。

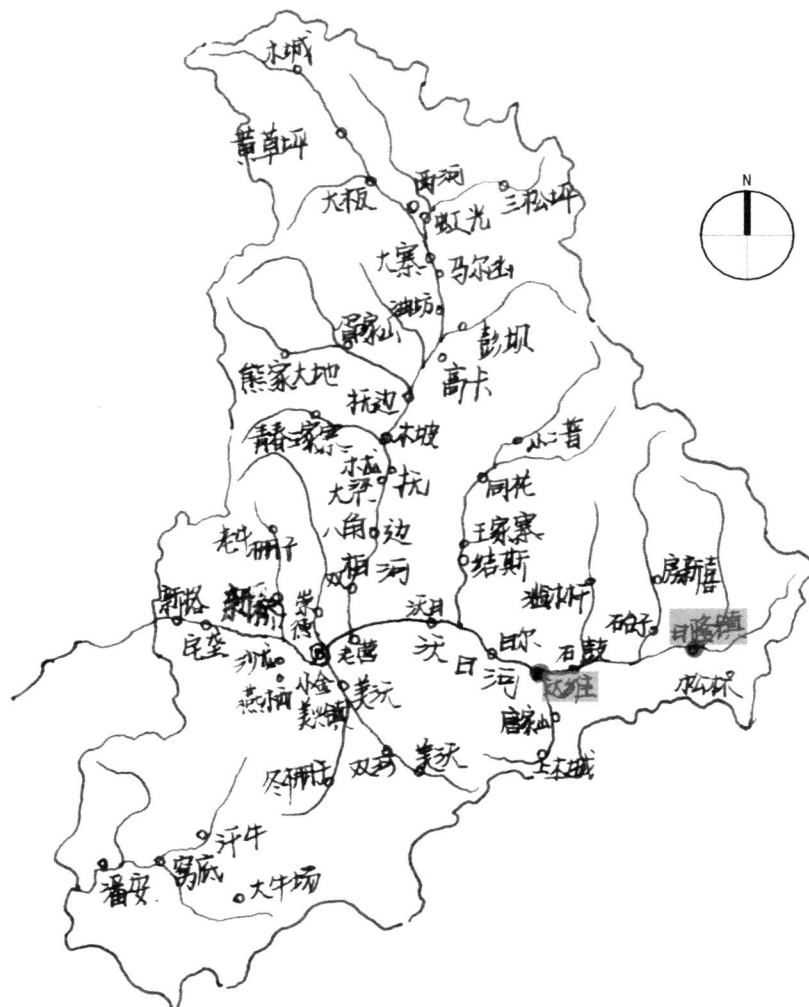

图 4.3—01 大渡河上游支流－小金川河谷嘉绒藏族聚落分布示意图 来源：自绘

4.3.1 小金县达维乡

达维乡位于小金县，紧邻国家级风景名胜区四姑娘山；辖区面积 374.5 平方公里。红一方面军翻越长征途中的第一座雪山夹金山，与红四方面军在达维乡南面夹金山北坡脚下会师，史称"达维会师"，夹金山森林公园大部分景区就在该乡。

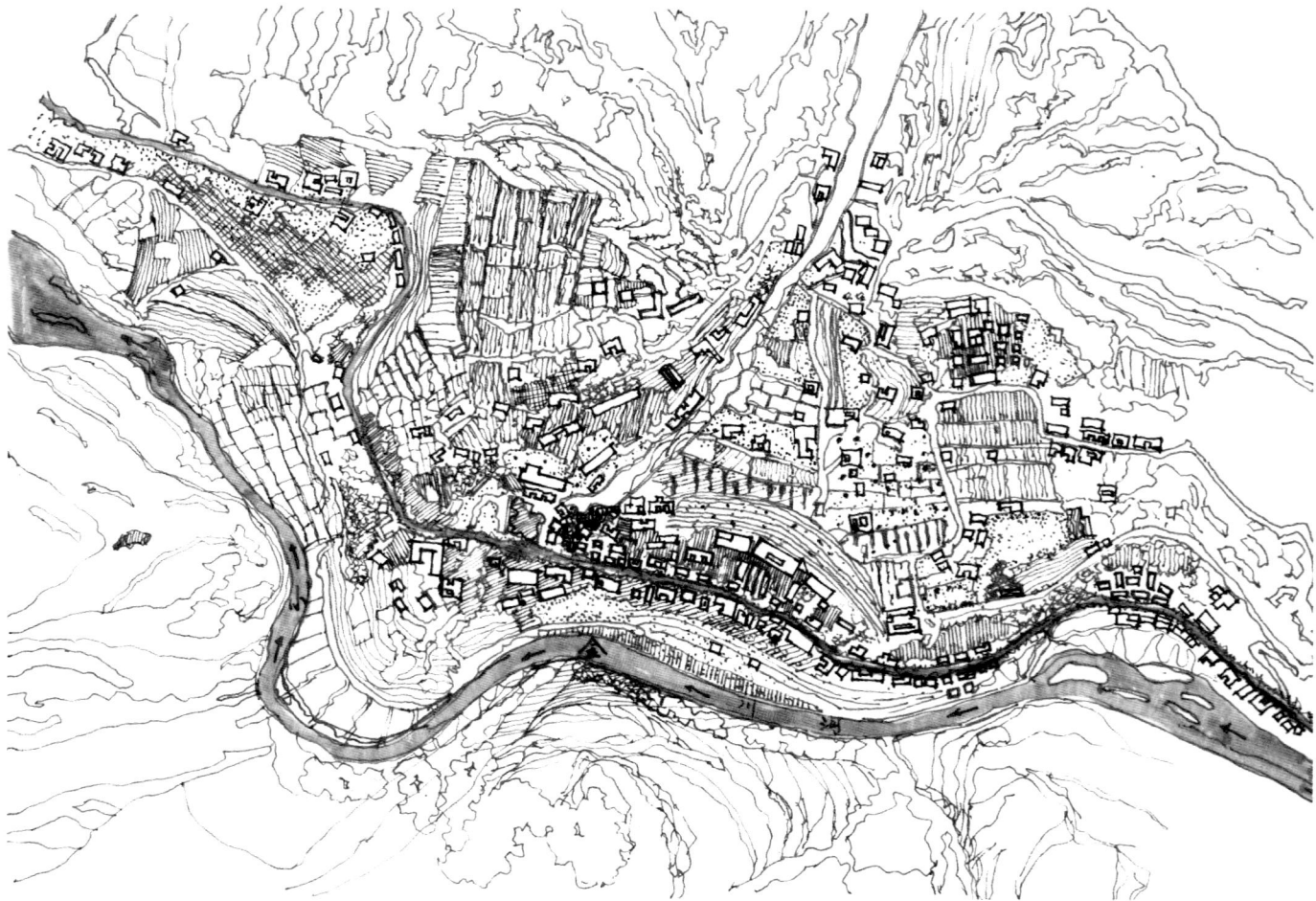

图 4.3.1-01 小金县达维乡场镇总图 来源：自绘

图 4.3.1-02 小金县达维乡 来源：自绘

图 4.3.1—03 达维乡会师桥 来源：自绘

图 4.3.1—04 小金县达维乡会师纪念碑 来源：自绘

4.3.2 小金县太平桥二村场镇

小金县太平乡以西约 10 公里，在小金河北岸一处半山台地，建有一座宁玛派寺院，山脚的河谷小坝子的自然村庄因朝拜而形成集市，在嘉绒藏区较为盛行的是藏传佛教宁玛派和苯教，苯教寺院基本都远离城镇和村庄，苯教徒崇尚苦修，寺院选址多为流域支流的高山台地。藏传佛教宁玛派寺院也基本不在人口聚集的城镇，也是选择较为偏远的半山台地建设寺院，但较之苯教寺院而言，倾向于选址交通便利的主流河谷，因而围绕寺院往往形成人居聚落。

图 4.3.2—01 小金县喇嘛寺一村总平面图　来源：自绘

图 4.3.2-02 小金县太平桥乡喇嘛寺 来源：自绘

4.3.3 小金县日隆镇

1952年置日隆乡，1959年改公社，1966年更名红旗公社，1978年恢复日隆乡。位于四川省小金县境内东南部，距县城55公里。东与世界珍稀动物大熊猫的故乡——卧龙自然保护区接壤，北与理县杂谷脑为邻，南与雅安地区宝兴县蜂桶寨自然保护区交界，西与红军长征一、四方面军会师地点达维乡相连。总面积480平方公里，辖金锋、长坪、双碉、双桥、沙坝5个村委会，12个村民小组。拥有"国家4A级风景区、世界自然遗产地"双项桂冠的四姑娘山风景名胜区，亦位于境内。经济作物以油菜籽为主，有"高原油田"之称。日隆镇现已更名为"四姑娘山镇"，以双桥沟、长坪沟、海子沟及四姑娘山"三沟一山"组成，山势奇特，流水清澈，古树苍翠，生态完好；蓝天白云，冰雪奇山，草甸湖泊及各种野花的有机组合，千变万化，浑然天成，构成了一幅幅绝妙的自然动态立体画面；保有近千种野生动物，其中国家一、二类保护动物29种。

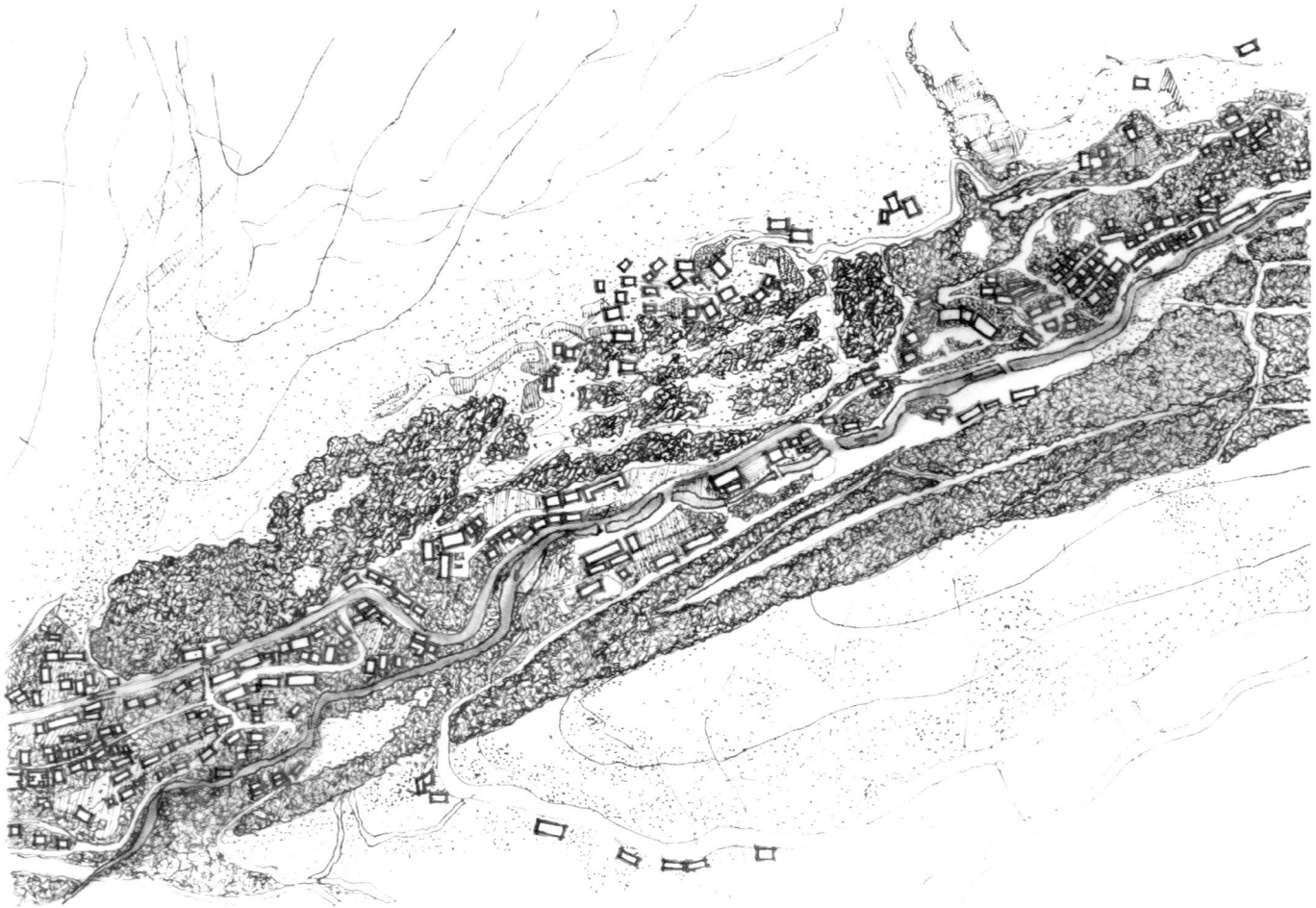

图 4.3.3-01 小金县日隆镇总图 来源：自绘

图 4.3.3—02 日隆镇四姑娘山南坡藏寨 来源：自绘

图 4.3.3—03 日隆镇四姑娘山西坡藏居院落 来源：自绘

4.4 三河交汇（丹巴县）

丹巴县位于四川省甘孜藏族自治州东部，是甘孜州的东大门，东与阿坝州小金县接壤，南和东南与康定县交界，西与道孚县毗邻，北和东北与阿坝州金川县相连。丹巴县地势西高东低，海拔 1700—5521 米，县城位于大渡河畔的章谷镇，海拔 1800 米，距州府康定 137 公里，距成都 368 公里。

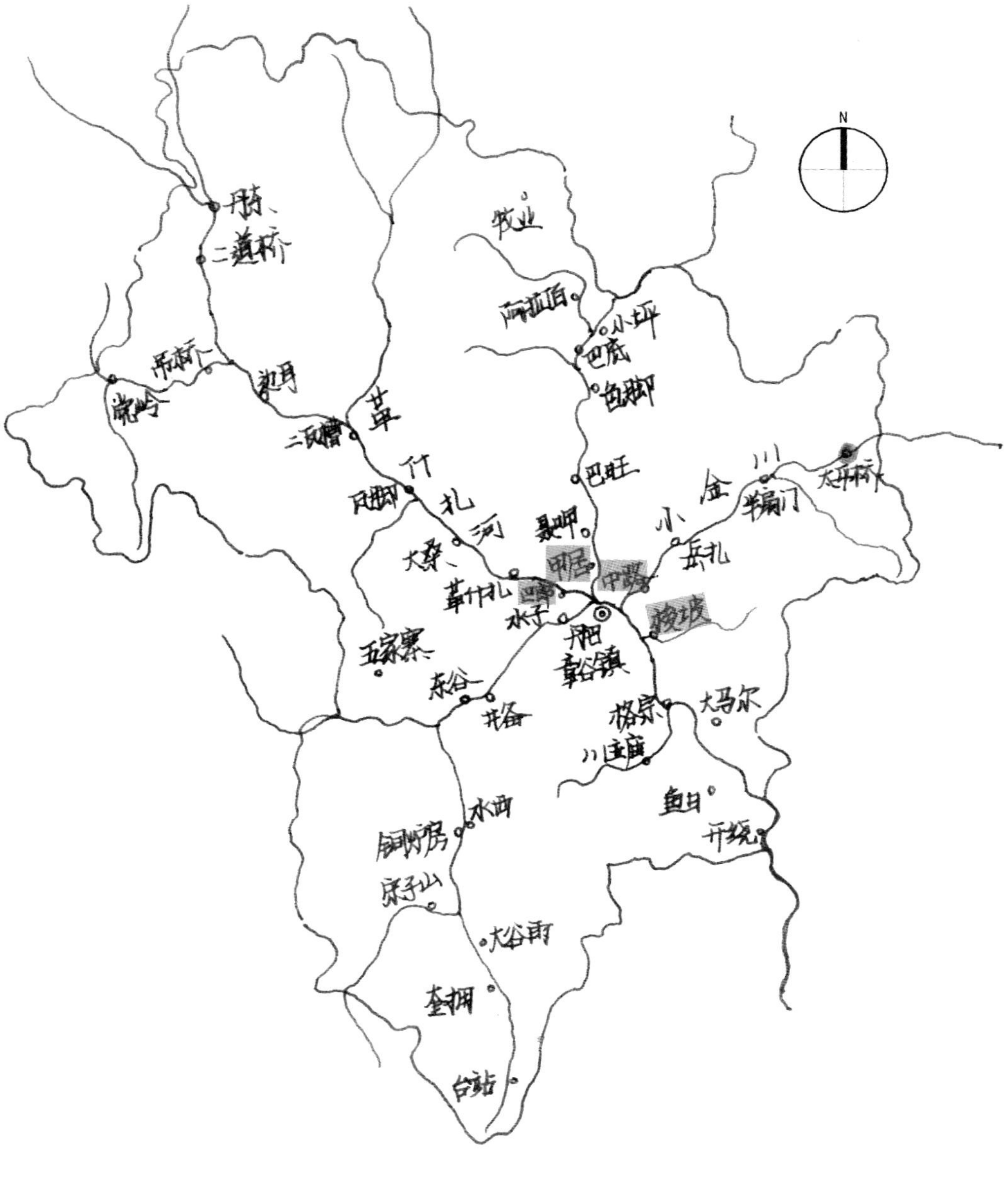

图 4.4-01 四水归一（大金川、小金川、革什扎河、东谷河汇成大渡河）－嘉绒藏族聚落分布示意图
来源：自绘

4.4.1 大金川河谷甲居藏寨

甲居藏寨距县城约8公里,驻于大金川河谷西岸海拔2200~3000米的斜坡台地,是丹巴最具特色的旅游景区。
"甲居",藏语是百户人家之意。藏寨从大金河谷层层向上攀缘,一直伸延到卡帕玛群峰脚下,整个山寨依着起伏的山势逶迤连绵,在相对高差近千米的山坡上,藏居碉房坐落在绿树丛中。或星罗棋布,或稠密集中,或在高山悬崖上,或在河坝绿茵间,不时炊烟袅袅、烟云缭绕,与充满灵气的山谷、清澈的溪流、皑皑的雪峰一起,一幅完美的田园牧歌画卷,如同上苍散落在大金川河谷山坡上的艺术品。2005年《中国国家地理》杂志评选,以甲居藏寨为代表的"丹巴藏寨"为"中国最美的六大乡村古镇"之首。

甲居的碉房,一户一家,多为坐北朝南,或成族群相依相偎,或孑然独立;碉房一般占地约200平方米,建筑面积350~450平方米,高15余米,均为石木结构。完整地保存了嘉绒民居的基本特征,本土原始的材料与营造技术,传统而古朴。甲居民居的木质构架部分和屋檐均为红色。在二层以上的墙体刷白色或墙体原色与白色相间。整个建筑物外形犹如虔诚的佛教徒盘腿正襟危坐诵经姿态。造型独特、别致,极富层次感,且色彩明快、鲜艳,与蓝天、白云、绿树、青山等互为衬托,与自然环境和谐协调。每年春节前夕,寨房主人们依照传统习俗,以当地的"白泥巴"为主要原料,通过配方煎制成白色染料,精心涂染寨楼墙面,使整个藏寨披上洁白的盛装。

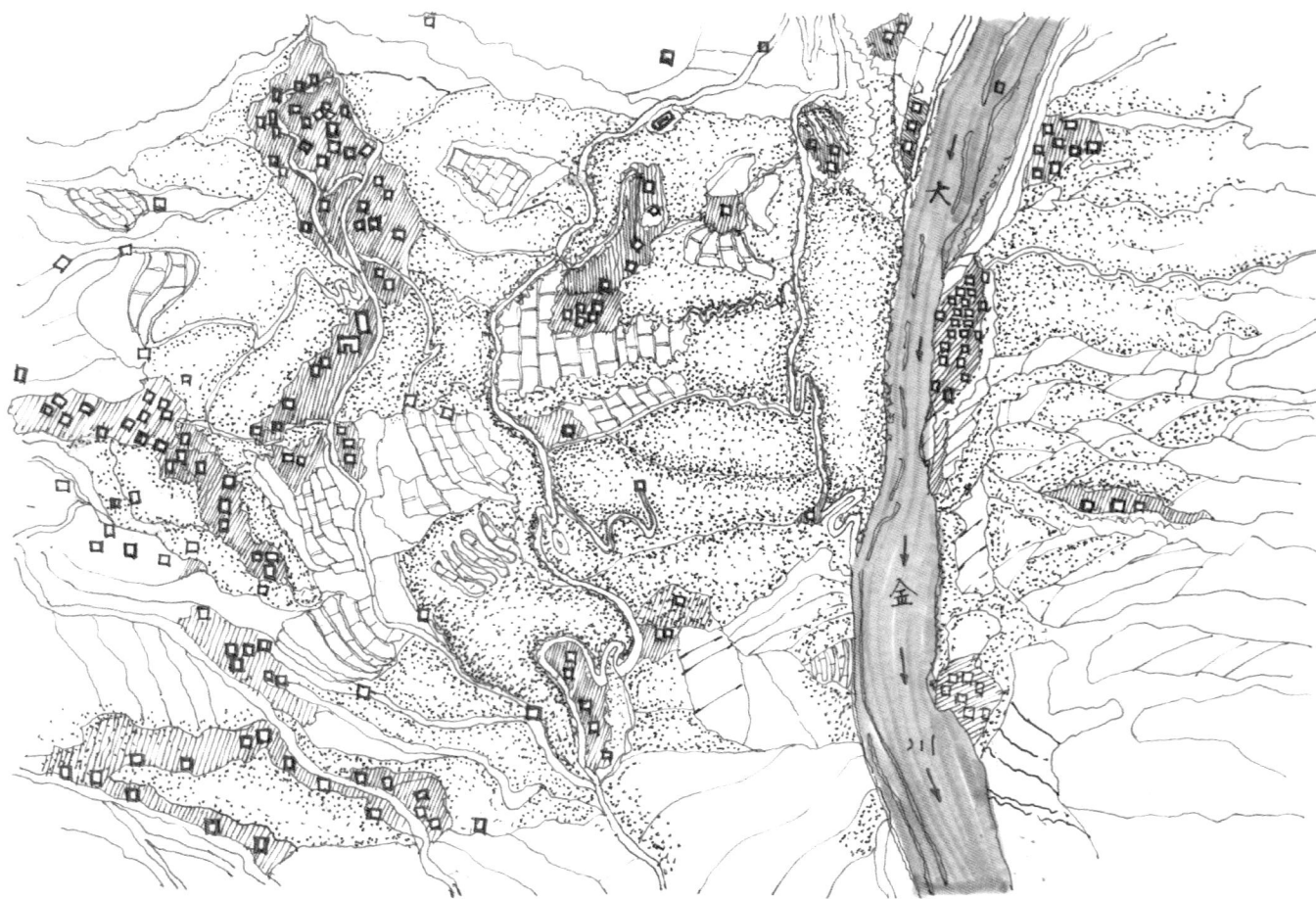

图 4.4.1-01 丹巴县甲居藏寨总图 来源:自绘

图 4.4.1-02 丹巴县甲居乡 — 田园意趣 来源：自绘

图 4.4.1—03 丹巴县甲居乡 — 田园意趣 来源：自绘

图 4.4.1—04 丹巴县甲居乡—碉楼 2 村 来源：自绘

图 4.4.1−05 丹巴县甲居乡 − 梯田　来源：自绘

图 4.4.1—06 丹巴县甲居乡 3 村 来源：自绘

图 4.4.1-07 丹巴县甲居乡 — 格绒罗吉宅 来源：自绘

图 4.4.1—08 丹巴县甲居乡 — 默尔多神山下的田园 来源：自绘

图 4.4.1-09 丹巴县甲居乡 — 司朗宅 来源：自绘

4.4.2 小金川河谷中路乡

从丹巴县城过大渡河大桥，往小金方向前进7公里就到达丹巴中路藏寨，这里被称为"东女国遗址"，中路乡位于高山台地上，对面就是藏区著名的"墨尔多神山"，车在崎岖的山路上盘旋攀爬。这里有比甲居更古朴的民居，以及分布广泛，多种多样的石碉。站在山顶可以俯瞰整个嘉绒峡谷及周边的藏族村寨，清晨的第一抹朝霞打在山顶上直至整个山谷完全敞亮的两个多小时里景色最为旖旎和壮观。中路乡现有古碉88座，传统藏式建筑600多座，大部分建筑的屋顶由碉楼形式演变而来，在屋顶的四角构造有如碉楼的装饰性构件，是敬四方神的神位——卓日。 中路乡的整个自然环境和藏寨古碉群组合的是一种大气之美，民风也淳朴，堪称丹巴峡谷中的俊朗容颜。

相传北宋时期的东女国治所就在中路乡，尚有遗址。丹巴美人谷泛指在丹巴境内的大金川、小金川、东河谷、大渡河四条河的河谷，以中路乡为主盛产美女。

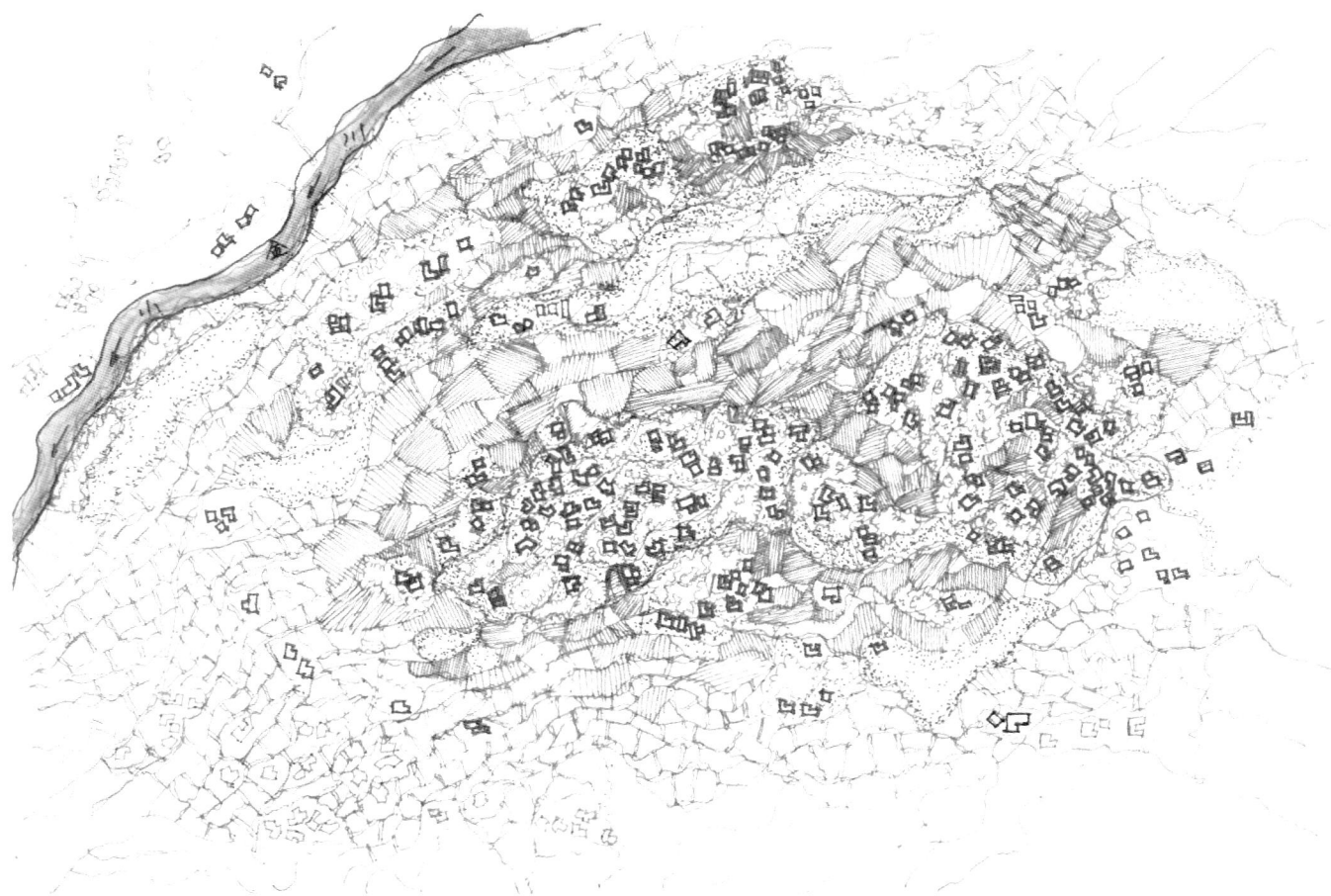

图 4.4.2-01 丹巴县小金川河谷－中路乡总图 来源：自绘

图 4.4.2-02 丹巴县小金川河谷中路乡六村与波本寺庙 来源：自绘

图 4.4.2—03 丹巴县小金川河谷中路乡鸟瞰 来源：自绘

图 4.4.2—04 丹巴县小金川河谷中路乡鸟瞰（局部 1） 来源：自绘

图 4.4.2-05 丹巴县小金川河谷中路乡鸟瞰（局部 2） 来源：自绘

图 4.4.2—06 丹巴县小金川河谷中路乡鸟瞰（局部 3）　来源：自绘

图 4.4.2—07 丹巴县小金川河谷中路乡鸟瞰（局部 4）　来源：自绘

图 4.4.2—08 丹巴县小金川河谷中路乡鸟瞰（局部 5） 来源：自绘

图 4.4.2—09 丹巴县小金川河谷中路乡鸟瞰（局部 6）　来源：自绘

图 4.4.2—10 丹巴县小金川河谷 — 中路乡南部 来源：自绘

图 4.4.2-11 丹巴县小金川河谷中路乡三碉西面 来源：自绘

图 4.4.2-12 丹巴县小金川河谷中路乡波色龙村　来源：自绘

图 4.4.2-13 丹巴县小金川河谷中路乡 3 村村长宅 来源：自绘

图 4.4.2—14 丹巴县小金川河谷中路乡 5 村村长宅 来源：自绘

图 4.4.2-15 远眺丹巴县中路乡喇嘛寺 来源：自绘

4.4.3 大渡河谷梭坡乡

梭坡乡隶旧属明正土司辖，梭坡乡位于县境东部，距县城 7 公里，大渡河下游东岸海拔 1900~2600 米的斜坡地，人口 0.3 万。通公路。辖东风、贡布、弄中、莫洛、呷拉、宋达、左比、八梭、纳依、泽周、泽公 11 个村委会。梭坡乡农业主产玉米、小麦、青稞。经济林木有花椒、核桃、石榴等。境内的大寨、大坪等村寨的古堡古碉具有独特的民族风格。

图 4.4.3-01 丹巴县大渡河谷－梭坡乡场镇总图 来源：自绘

图 4.4.3—02 丹巴县梭坡乡 — 山顶碉楼 来源：自绘

图 4.4.3—03 丹巴县梭坡乡 — 大坪村三碉楼东视点 来源：自绘

图 4.4.3−04 丹巴县梭坡乡－尔甲朗布宅 来源：自绘

图 4.4.3—05 丹巴县梭坡乡 — 山顶垭口村 来源：自绘

图 4.4.3-06 丹巴县梭坡乡－斜坡上的民居　来源：自绘

图 4.4.3-07 丹巴县梭坡乡 — 小块田地耕作 来源：自绘

图 4.4.3—08 丹巴县梭坡乡六村一景 来源：自绘

4.4.4 革什扎河谷革什扎乡

革什扎河谷的革什扎乡，位于县境中部，距县城 7 公里。面积 372.4 平方公里，人口 0.5 万，通公路。辖巴郎、柯尔金、卓斯龙、各尔、吉牛、俄洛、安古、大桑、累累、三道桥、互足、妥皮、瓦各、前进、吉如、瓦坝 16 个村委会。农业主产玉米、小麦。牧业以养殖牛、猪为主。盛产花椒、核桃。

巴郎村是最典型的河谷台地村寨，建筑布局密集，村落空间竖向层次丰富。

图 4.4.4-01 丹巴县（革什扎河谷）巴郎村总图 来源：自绘

图 4.4.4—02 仰望巴郎村 来源：自绘

图 4.4.4—03 革什扎河谷巴郎村入口 来源：自绘

4.5　雅拉河谷（康定县）

雅拉乡位于康定县境东北部，距县城 11 公里，辖村分别是头道桥、二道桥、三道桥、曲公、蒙庆、新兴、鱼司、王母、司通坝、中古。雅拉乡沿雅拉河两岸分布全乡地处高山、河流交汇的河谷地带雅拉河由北向南贯穿全境，在县城北汇入康定河，是以农牧业为主的地区，全乡总户数为 714 户，人口总数为 2867 人。雅拉乡是一个乡级行政区域，却是典型的多民族杂居区，境内世居民族有藏族、汉族、回族、彝族。雅拉乡是民族多元文化保存得较完好的一个民族杂居区，相传，雅拉乡最早信奉的是苯教，位于江达村的江达庙是雅拉乡苯教的发源地。

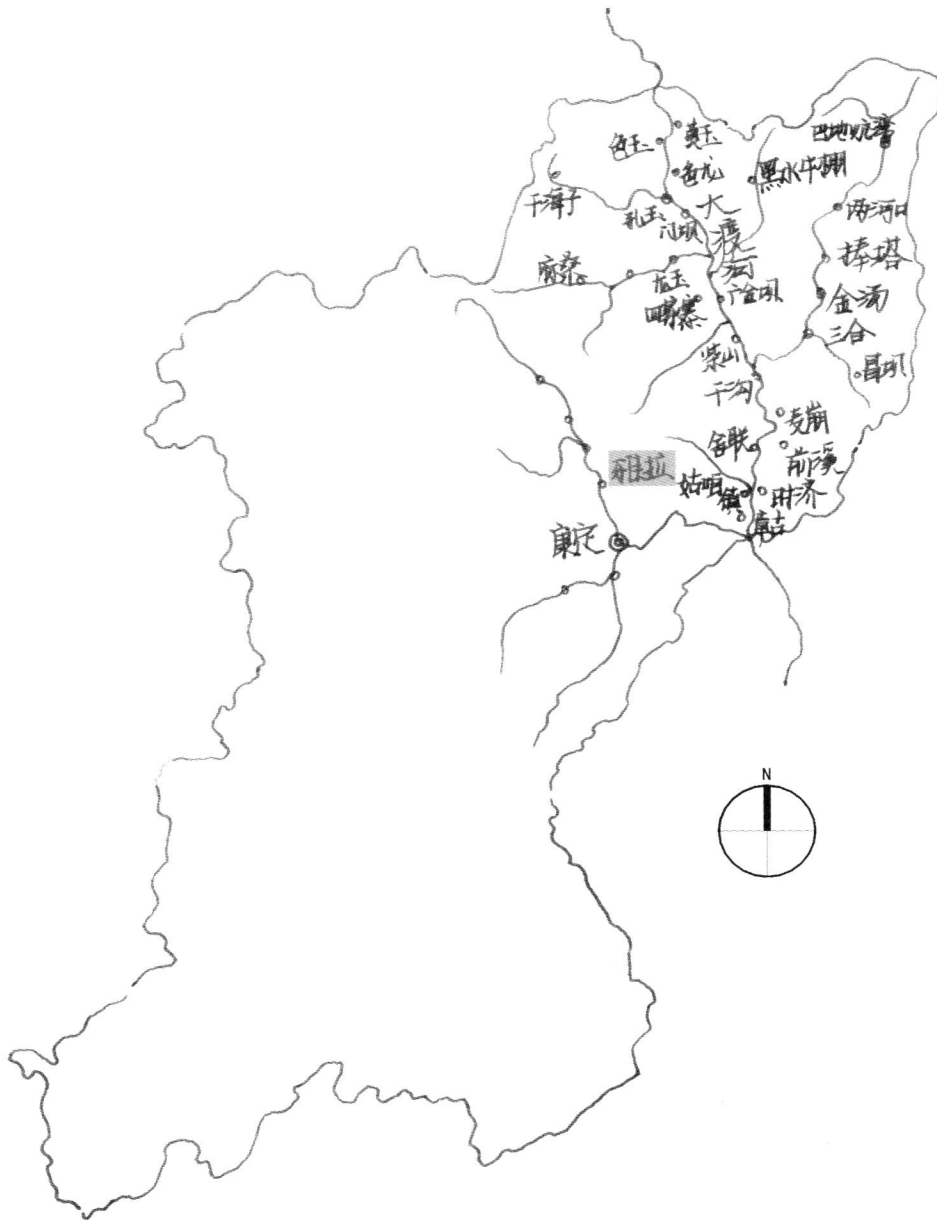

图 4.5-01 雅拉河汇入大渡河的康定县 - 嘉绒藏族聚落分布示意图　来源：自绘

4.5.1 康定雅拉河谷——雅拉乡

雅拉乡为藏族聚居乡，农业主产青稞、小麦、蚕豆、马铃薯。境内有丰富的森林资源和广阔的草场，以林、牧业为主，盛产黄金。有国家级贡嘎山风景名胜区的重要景点——二道桥温泉和木格措。

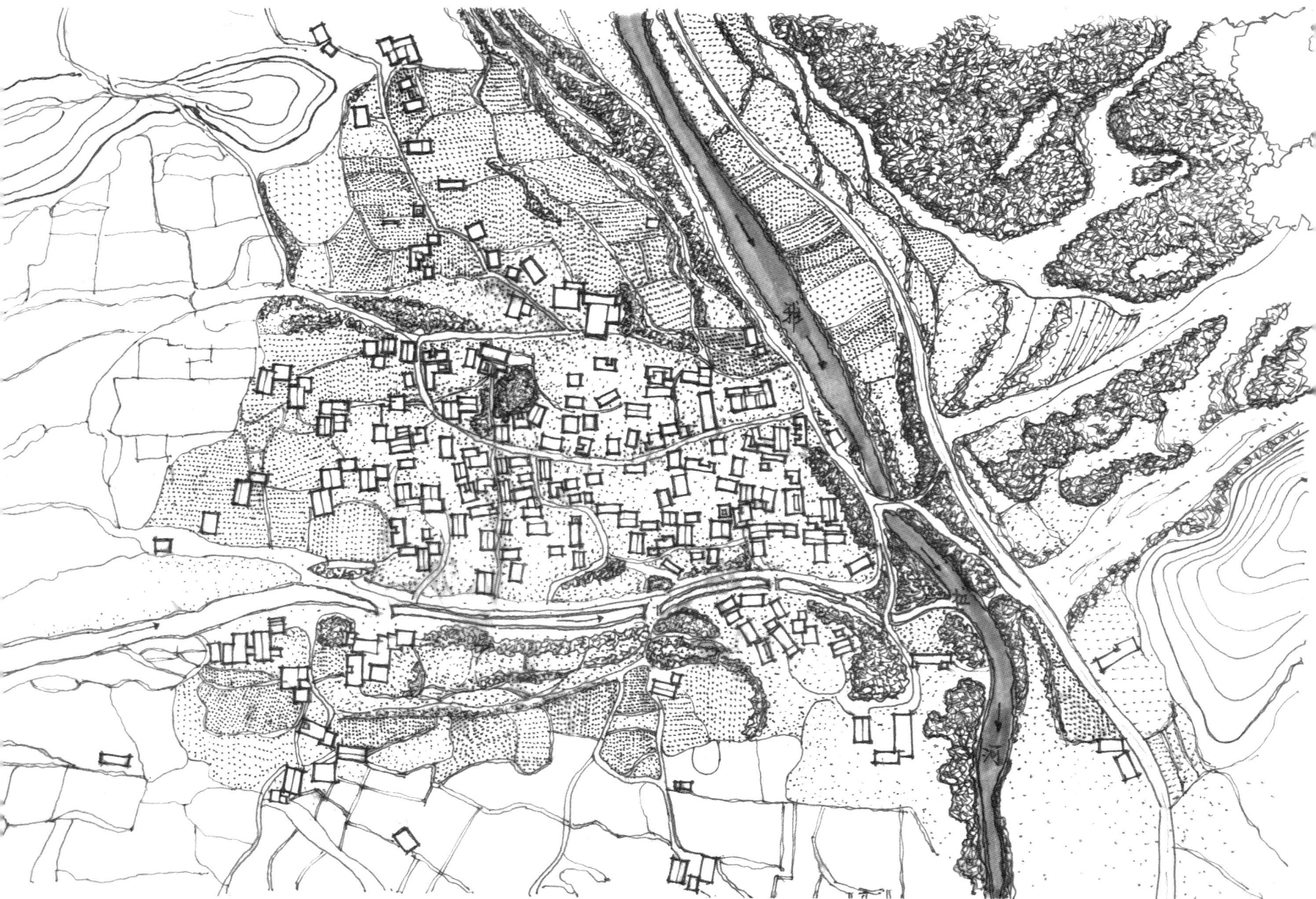

图 4.5.1—01 康定县雅拉河谷——雅拉乡场镇总图 来源：自绘

图 4.5.1-02 康定县雅拉乡木格措湖滨藏居 来源：自绘

图 4.5.1—03 雅拉孟庆村 来源：自绘

4.6 大渡河谷（泸定县）

泸定县位于四川省甘孜藏族自治州东南部，四川省西部二郎山的西麓，界于邛崃山脉与大雪山脉之间，大渡河由北向南纵贯全境。东与石棉县相连，位于东经 101°46′～102°25′，北纬 29°54′～30°10′。南北长 69.2 公里，东西宽 49.9 公里，川藏公路穿越东北部，是进藏出川的咽喉要道，素有甘孜州东大门之称。县域总面积 2165.35 平方公里。

泸定县境地处青藏高原东部边缘，地貌类型从低中山峡谷区直至高山、极高山区。其中西南与康定县接壤之贡嘎山是其主峰，海拔 7556 米，为全省最高峰，被誉为"蜀山之王"。二郎山海拔 3437 米。岭谷相间，山岭到大渡河的水平距离，不超过 10 公里，而岭谷相对高差达 3000 米以上，形成高差大，坡面短，坡度陡峭，高低悬殊，岩体破碎，岩石裸露这一特殊地貌特征，境内平坝、台地、山谷、高山平原、冰川俱全。

泸定县县城海拔 1800 米以下地区属亚热带季风气候，为干热河谷地区。夏无酷暑，冬季干燥温暖，季均温度 7.5℃；夏季温凉湿润，季均温度 22.7℃；年平均气温 16.5℃，年平均无霜期 279 天，年均降雨量 664.4 毫米。

泸定县最大的河流是大渡河，其他的有 48 条常年流水山溪，流域面积 2020.7 平方公里，其中，流域面积大于 100 平方公里的有磨西、湾东、磨河、木角 4 条，流域面积 1307.5 平方公里，多年平均流量 44.446 立方米／秒。

磨西镇曾经是一个嘉绒藏族的聚居地，如今发展为海螺沟风景区的旅游接待城镇。

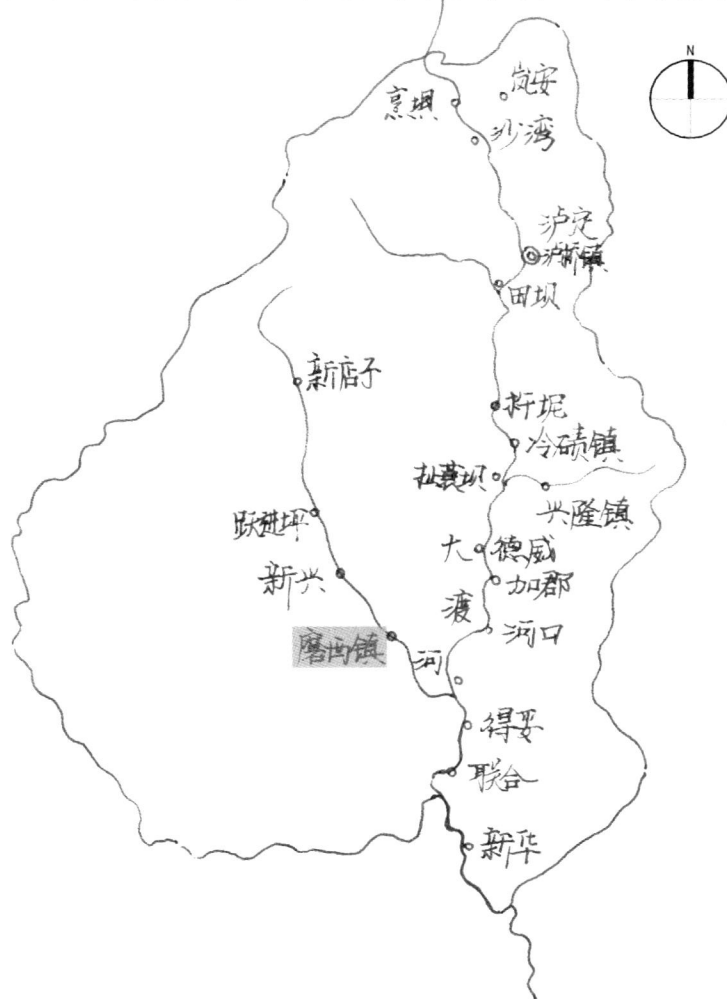

图 4.6-01 大渡河谷泸定县－嘉绒藏族聚落分布示意图 来源：自绘

4.6.1 泸定大渡河谷——磨西镇

磨西镇位于四川省甘孜藏族自治州泸定县南部，地处贡嘎山风景区东坡，海螺沟冰川森林公园入口处，属海螺沟风景名胜区外围保护地带，是海螺沟名胜风景区的旅游接待基地和入口，磨西镇距成都282公里，距泸定52公里，距康定约70公里，现已建成磨西至康定的公路，游完海螺沟可直接到康定游览高原名城。磨西镇是汉、彝，藏民族聚居地，这里仍然保留着法国人修建的天主教堂和1935年毛泽东等中央领导人率领红军路经的宿营地。

磨西古镇修筑在一个东西北三面绕水环山的倾斜平台上，北高南低。一条从北山峡谷蜿蜒而上的石道，在古镇的入口岔成两条并行的马路，一条往东通向贡嘎雪山，一条往北直接通往200多里外的康定。丁字形小街以外，村落和楼房紧凑地聚拢在一起，低头相向。如今，古旧的民居已经不多见了，随着旅游业的兴盛，新建了许多各种档次的宾馆、饭店，在旅游旺季也完全能满足游客不同层次的需求。发展目标是把磨西建设成为具有突出文化特色、浓郁地方特征和优美的景观环境，设备齐全、功能完善、安全舒适的国内一流旅游小镇。

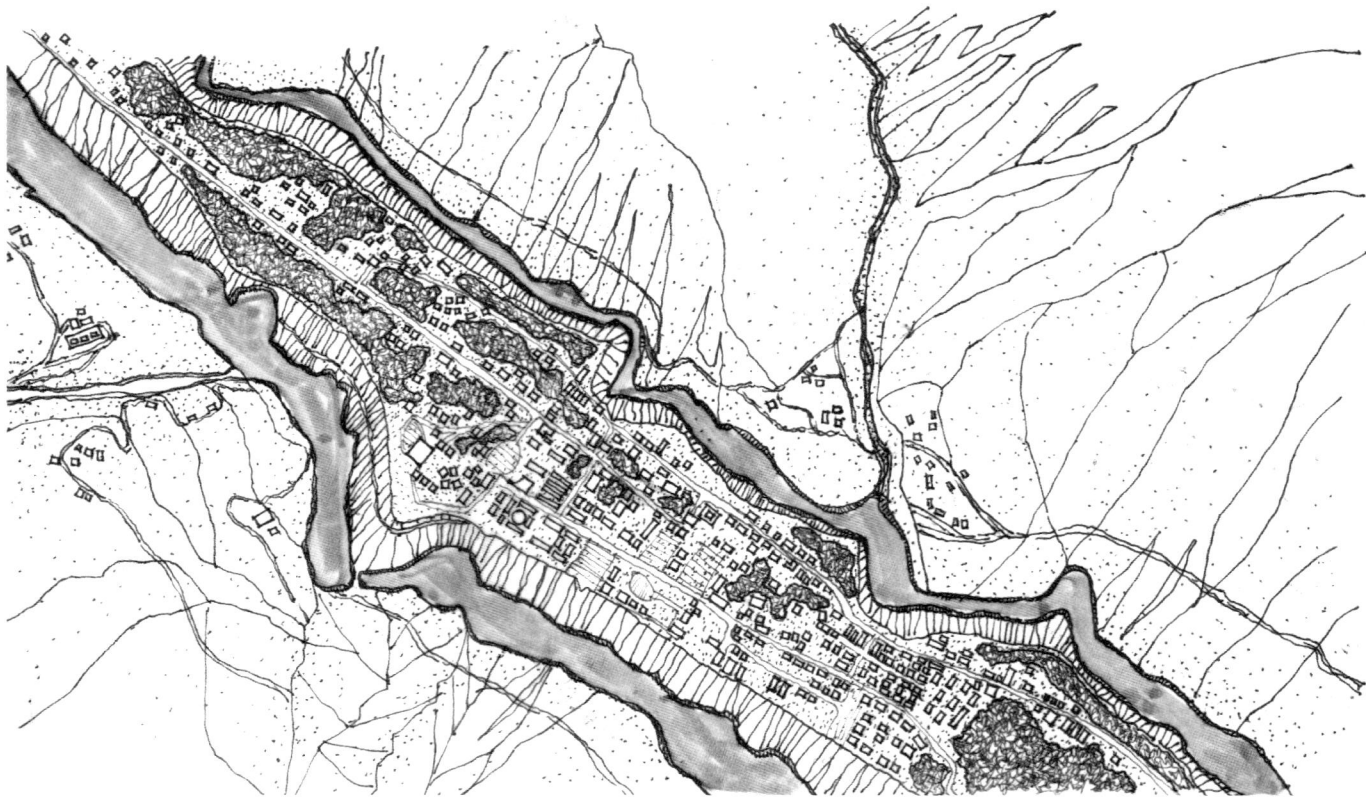

图 4.6.1-01 泸定大渡河谷－磨西镇总图 来源：自绘

图 4.6.1—02 大渡河泸定县磨西台地 来源：自绘

4.7 夹金山东坡（宝兴县）

宝兴县，隶属于四川省雅安市，位于四川省西部，四川盆地西部边缘，总面积3114平方公里，下辖3镇5乡及硗碛藏族乡，宝兴蜂桶寨是全球首个发现大熊猫的地方，被誉为"大熊猫的故乡"。

宝兴县在春秋战国时为青衣羌国所在地，居住着青衣羌人。秦汉时汉人移入，设青衣县，属蜀郡。唐宋之际，称羁縻州地，隶属雅州都督府。元末始称董卜，开始引入喇嘛教，青衣羌人转变为蕃民，隶属吐蕃宣慰司，由土酋统治并归附朝廷。清朝乾隆年间更名为穆坪。民国十七年（1928年）土改归流，民国十九年（1930年）建县。因当地矿产丰富，取《礼记·中庸》"今夫山，一卷石之多及其广大，草木生云，禽兽居之，宝藏兴焉"之意而命名为宝兴。民国二十四年（1935年），中国工农红军长征经过宝兴，于十月建立宝兴苏维埃政权。民国二十八年（1939年），西康建省，宝兴隶属西康省第2行政督察区直至解放。1950年5月15日，宝兴解放。1952年中华人民共和国中央人民政府撤销川东、川西、川南、川北行署区，恢复四川省建制。1951年，第2行政督察区改称雅安专署，宝兴属雅安专署。1955年，撤销西康省，金沙江以东划归四川省，宝兴属四川省雅安专署。1981年，雅安专署改称雅安地区，宝兴属雅安地区。2000年，雅安撤地设市，宝兴隶属雅安市。硗碛乡为宝兴县境内嘉绒藏族聚居的乡镇。

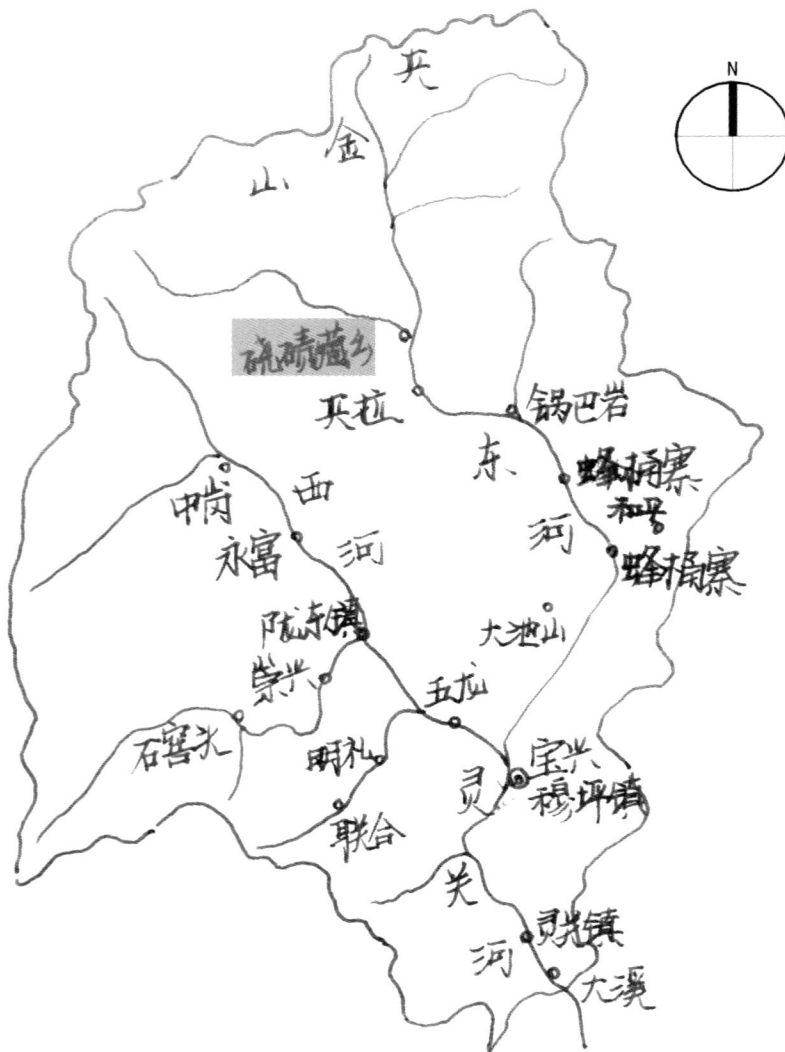

图 4.7-01 夹金山东坡宝兴县－嘉绒藏族聚落分布示意图 来源：自绘

4.7.1 宝兴县硗碛藏寨

硗碛，春秋战国时为青衣羌国所在地，居民为青衣羌人。当地人的读法是"yao（二声）ji（一声）"，是嘉绒藏语"yongji"的音译，本意是："又平又宽物产丰富的地方"。但在官方形成汉文书面名字的时候是从字典里找到的两个单列字，意思分别是"土地坚硬不肥沃"和"不生草木的砂石地"，和原意完全相反。从命名来看，在官方视野中这是一片贫瘠所在，而民间视野中却是物产丰富的家园，正是汉藏交接地带嘉绒藏人辛勤耕作，坚韧筑造家园的佐证。硗碛藏族乡现在是四川省宝兴县唯一的民族乡，人口5000多人，分散居住在888.9平方公里范围内、生活在海拔2000米到3000米之间的山林中。1935年，中国工农红军从这里出发翻越夹金山，开启了翻雪山过草地的艰难征途。

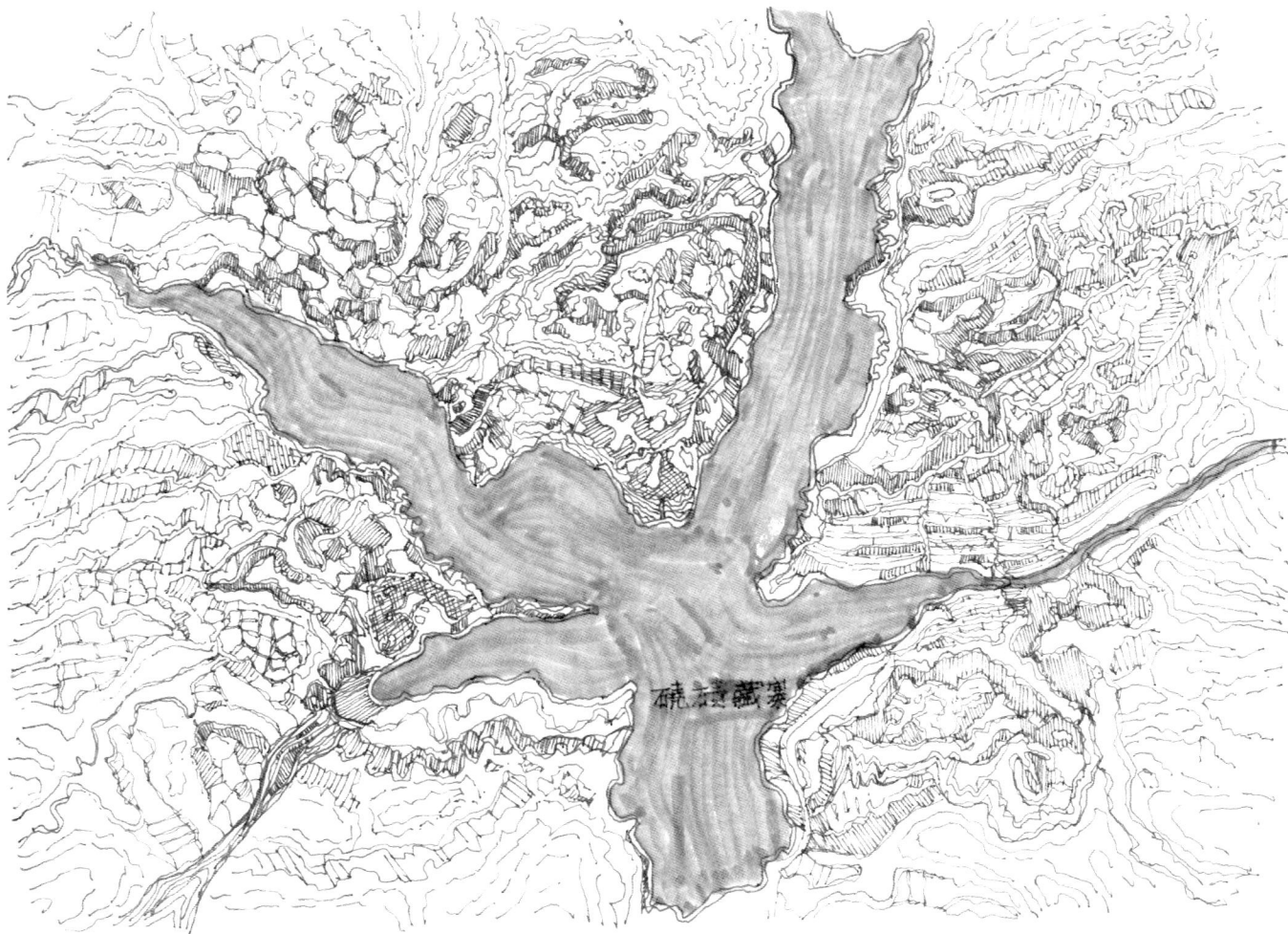

图 4.7.1-01 泸定县硗碛藏寨总图 来源：自绘

图 4.7.1-02 泸定县硗碛寨 来源：自绘

图 4.7.1-03 碉磧藏寨屋顶韵律 来源：自绘

5. 岷江流域的嘉绒藏居

岷江，古称渎水、汶水、汶江、汶川。因先秦以来即视为长江上源，故又称江、江水、大江水；各段又有古称玉轮江、箭水、导江、都江、皂江、大皂江、沫江、武阳江、合水、金马河、皂里水、三渡水、玻璃江、熊耳水、蜀江，异名甚多。

岷江系长江上游的重要支流。历史上，岷江曾被认为是长江正源，明代徐霞客通过实地勘查得出：金沙江一支才是长江正源。岷江传统上以发源于四川松潘县岷山南麓的一支为岷江正源，但实际上，其西支大渡河从河源学上才是正源。这一观点，中科院于 2013 年予以确认。

但从传统上，水文水利界仍以东支为正源。以东支为正源，岷江有东西二源：东源出自高程 3727 米的弓杠岭；西源出自高程 4610 米的朗架岭，一般以东源为正源，两源汇合于虹桥关上游川主寺后，自北向南流经茂汶、汶川、都江堰市；穿过成都平原的新津、彭山、眉山；再经青神、乐山、犍为；于宜宾市注入长江。干流全长 711 公里（一说 735 公里），以大渡河（1062 公里）为正源，则全长 1279 公里。

岷江源及上游段流域为四川安多藏区，也称南部安多。松潘草原以南顺江而下，则进入羌族聚居区，但其西岸有 2 条主要的支流，黑水河与杂谷脑河，二水之上游则有嘉绒藏族聚落，主要分布在黑水河河谷的黑水县，以及杂谷脑河的理县境内。

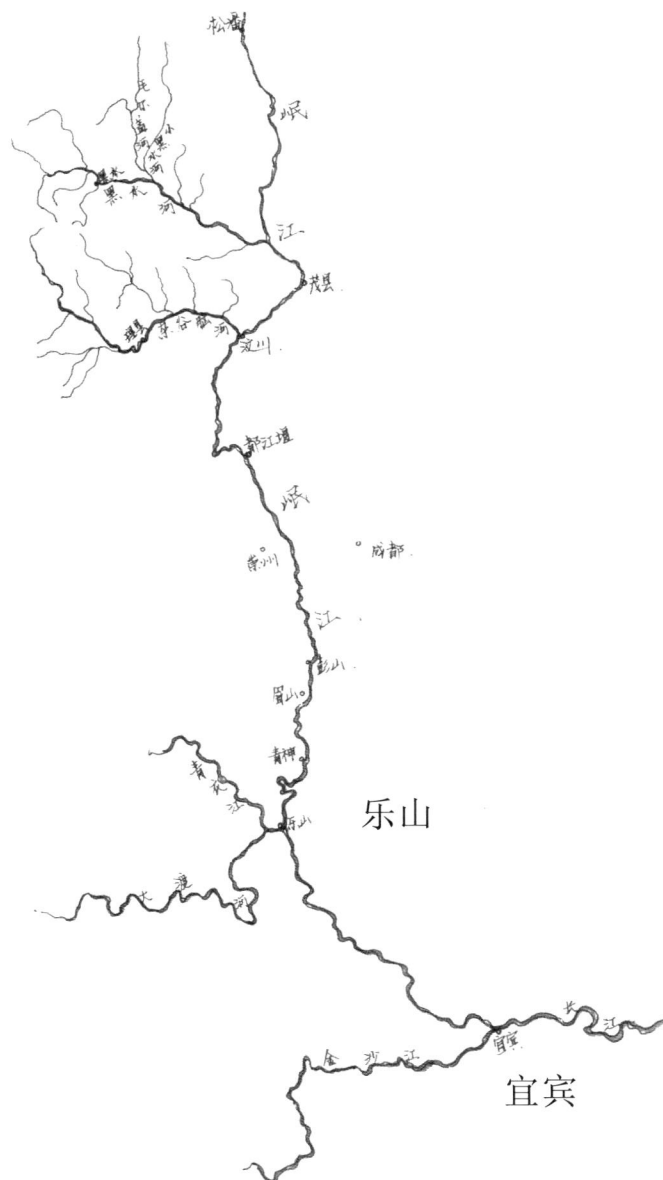

图 5-01 岷江流域 来源：自绘

5.1 黑水河谷——黑水县调研村镇（乡）

黑水为岷江上游重要的支流，其流域为藏羌走廊，大部为嘉绒藏族主要的聚居区，民风彪悍，历史上部族斗争激烈，古村寨大多依山而建，多选址于峻峭险要的山脊或高山台地，村寨的防御功能十分明显，其中最为典型的是色尔古寨。

图 5.1-01 黑水河谷（黑水县）－嘉绒藏族聚落分布示意图 来源：自绘

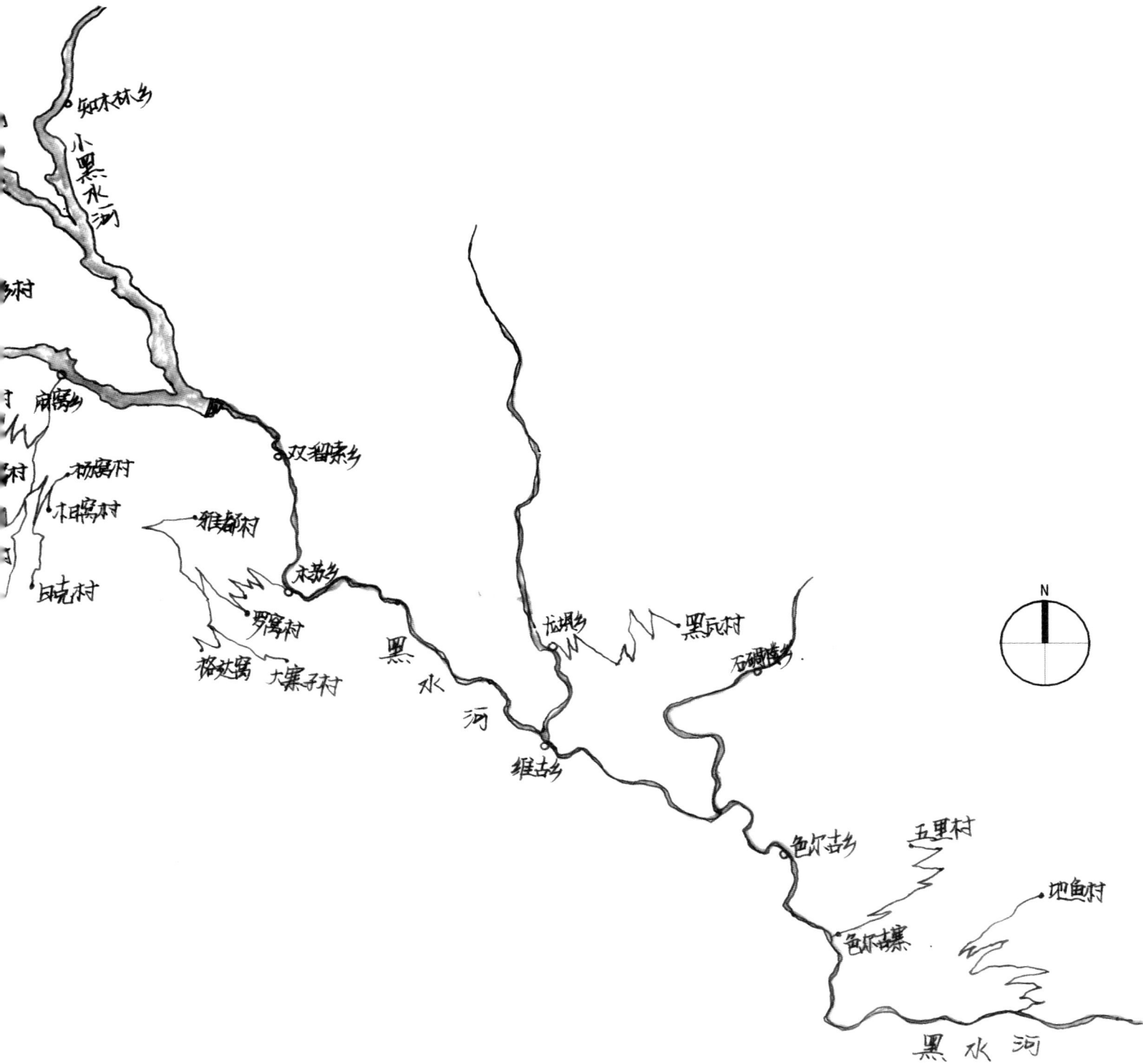

5.1.1 沙石多乡

沙石多乡位于黑水县西部，黑水河上游，距县府15公里，面积709平方公里，人口0.2万。1952年置沙石多乡，1967年改工农公社，1973年更名沙石多公社，1984年复乡。辖杨柳秋、马河坝、银真、干市坝、奶子沟、羊茸、昌德、甲足8个村委会，主产小麦、青稞、蚕豆，兼产油菜籽、大蒜。畜牧业有牦牛、绵羊等牲畜。

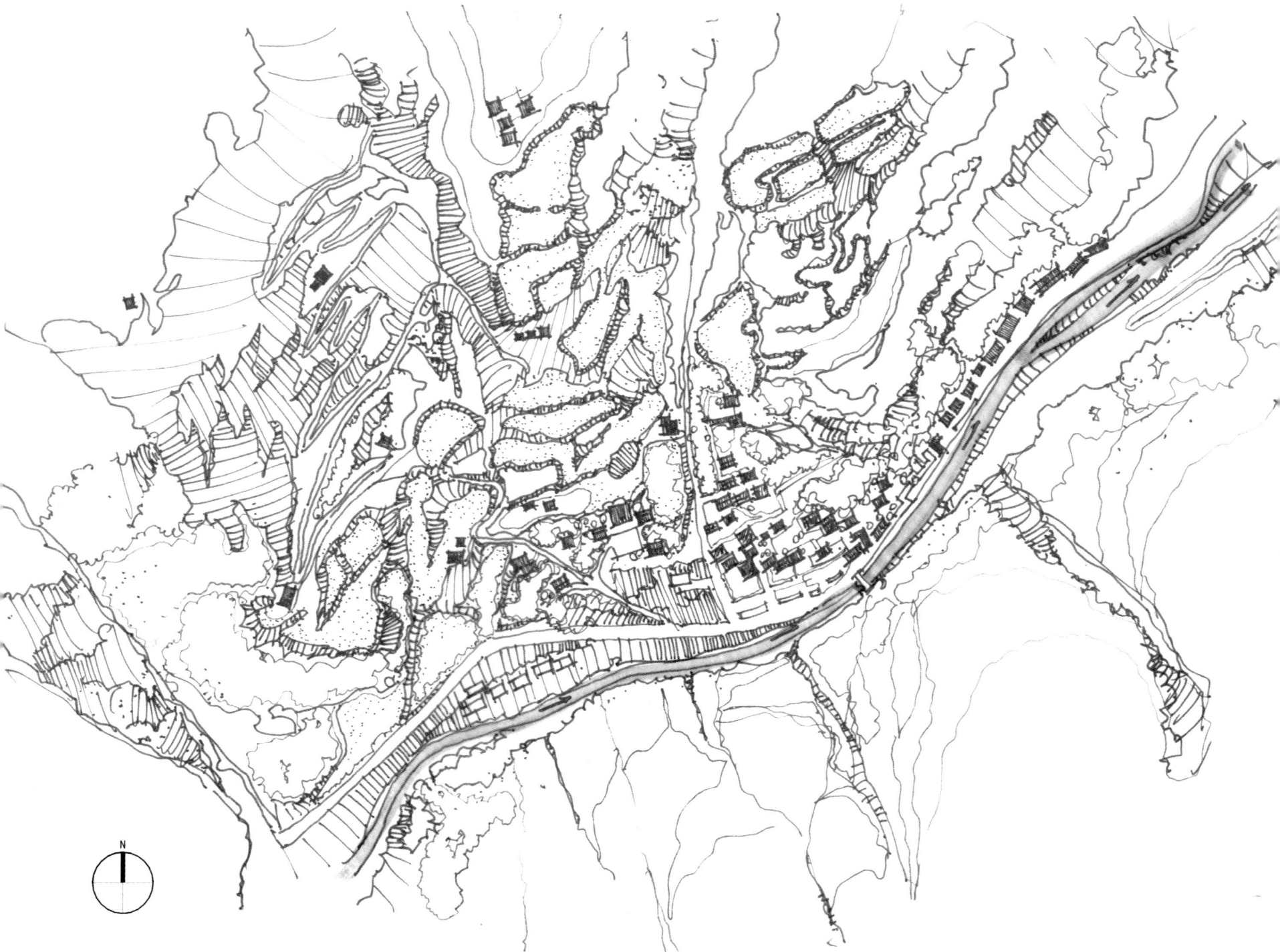

图 5.1.1—01 黑水河谷西段沙石多乡总平面图　来源：自绘

5.1.2 羊茸村

黑水县沙石多乡羊茸村于2012年整体移民搬迁后，紧紧围绕全县生态经济发展的要求，以"以人为本、尊重自然、可持续发展"为理念，全力建设生态民俗文化休闲旅游村。已完成了房屋建设、风貌改造、河堤堡坎、通车水泥桥等基础设施建设，成为黑水县奶子沟八十里彩林区的别样小村庄，入秋时节，鸟语花香，一排排红顶木制的藏式新房显得格外瞩目，被誉为国道247线上的"世外桃源"。

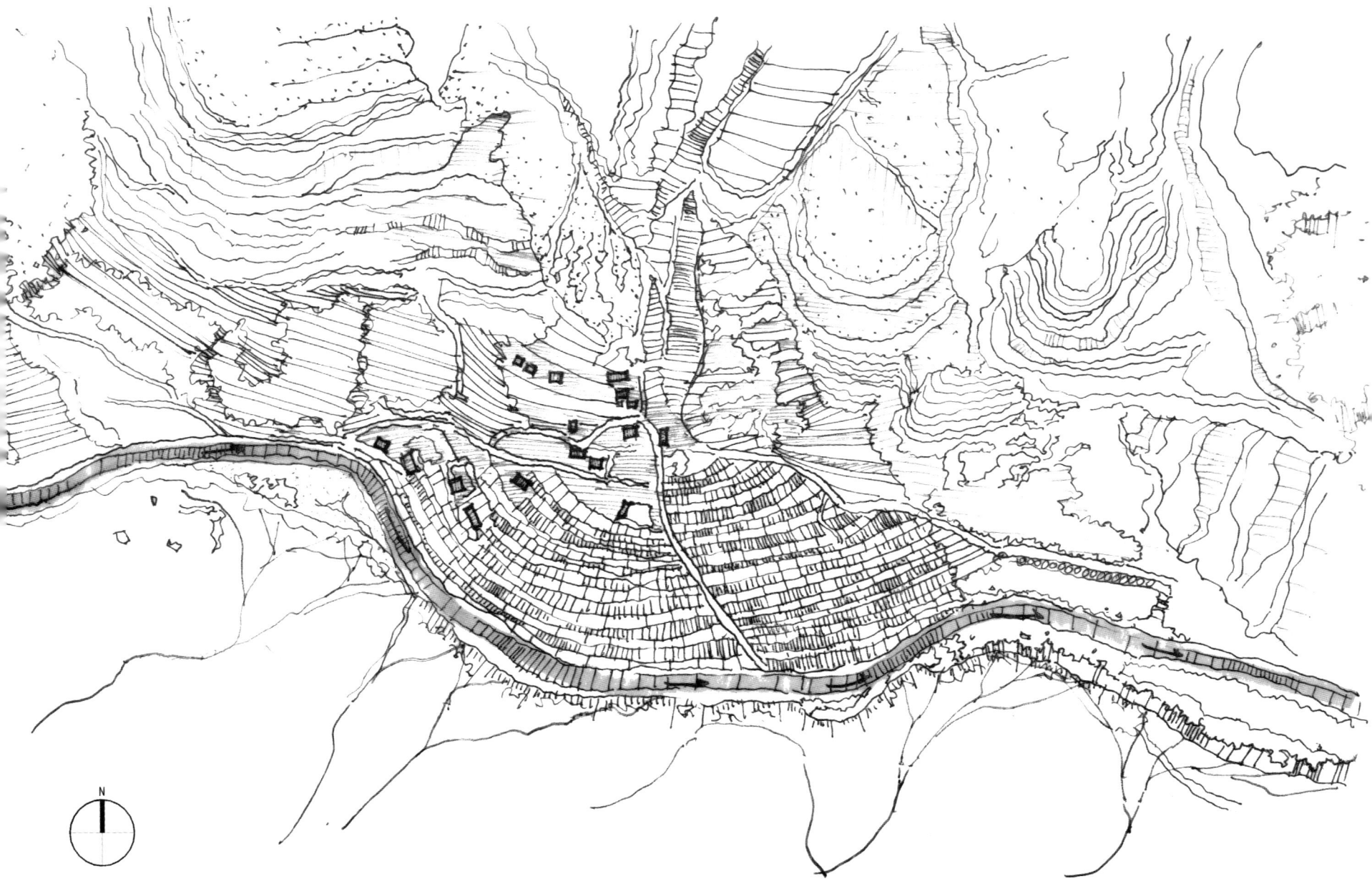

图 5.1.2-01 黑水河西段羊茸村总平面图 来源：自绘

5.1.3 昌德村

昌德村在阿坝州黑水县沙石多乡境内，红军当年翻越昌德雪山，由于受地理环境的影响，雪山脚下的昌德村村民生活长期贫困。2012 年以来，在实施扶贫搬迁、异地移民搬迁、避险搬迁等政策后，昌德村全部45 户 179 名藏族群众相继从高半山搬迁到了国道 347 公路沿线。参与到 "药材藏鸡彩林沟" 的旅游经济中。每到金秋时节，彩林就像打翻了的调色盒一样，层林尽染，具有得天独厚的旅游资源。2015 年夏拉、东作等 4 户旅游接待示范户，每户仅在彩林最佳观赏期间就收入了 2 万元。在该村大力发展旅游业，无疑是一条让村民增收致富的捷径。近年昌德村实施了乡村旅游整村建设项目，修建红军文化广场、观景平台、休闲购物场所、停车场、自驾游露营点等，利用雕塑、石刻、墙绘、景观小品布置等形式，再现当年红军长征过雪山草地、建立苏维埃红色政权、熬盐筹粮等战斗及生活场景。

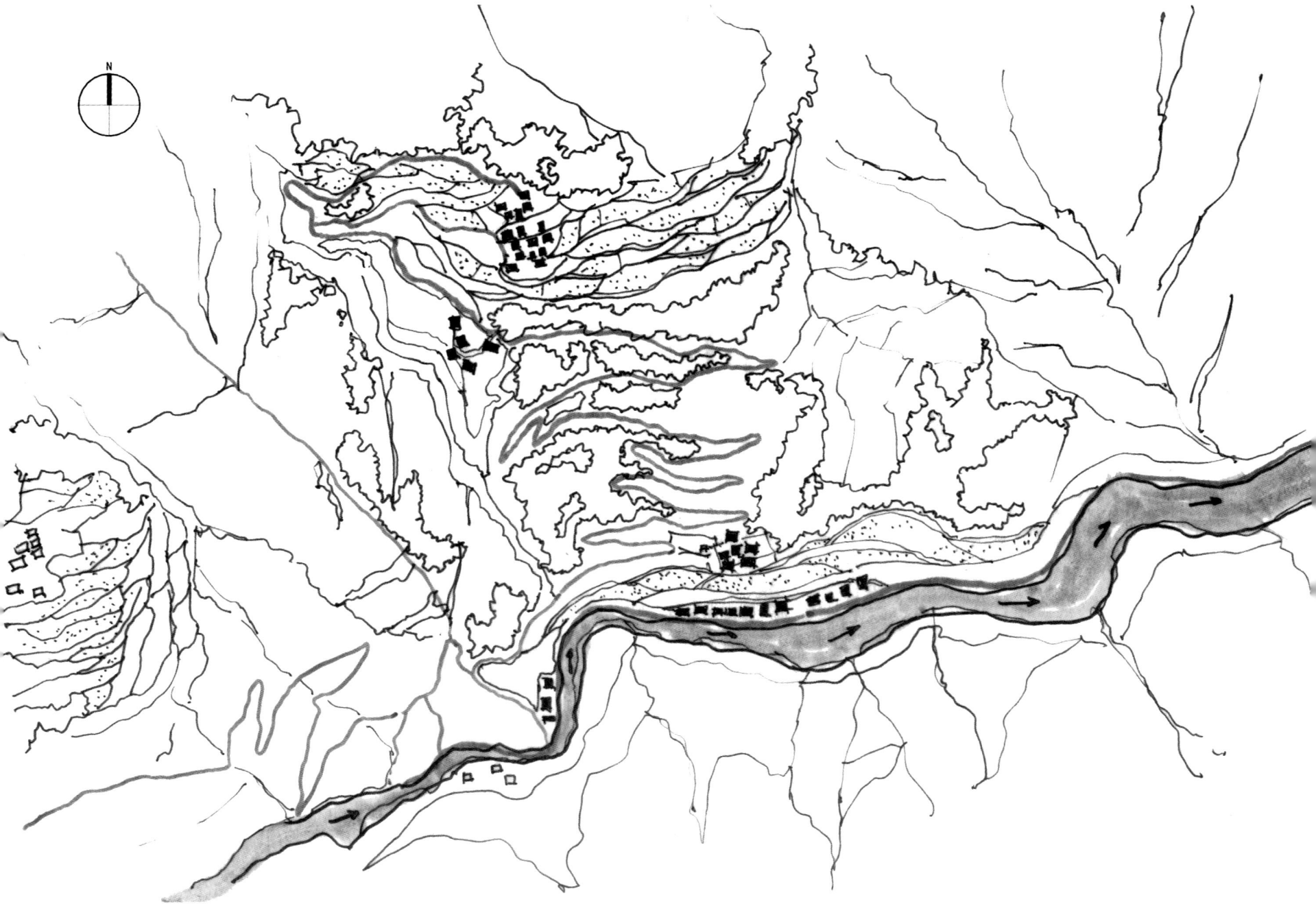

图 5.1.3-01 黑水河西段昌德村总平面图 来源：自绘

5.1.4 二古鲁村

二古鲁村在昌德村的下游，河谷冲积扇选址，是"药材藏鸡彩林沟"的旅游经济带的节点。紧挨日多村、德石窝村、谷汝村、查拉村，气候宜人，风景如画。

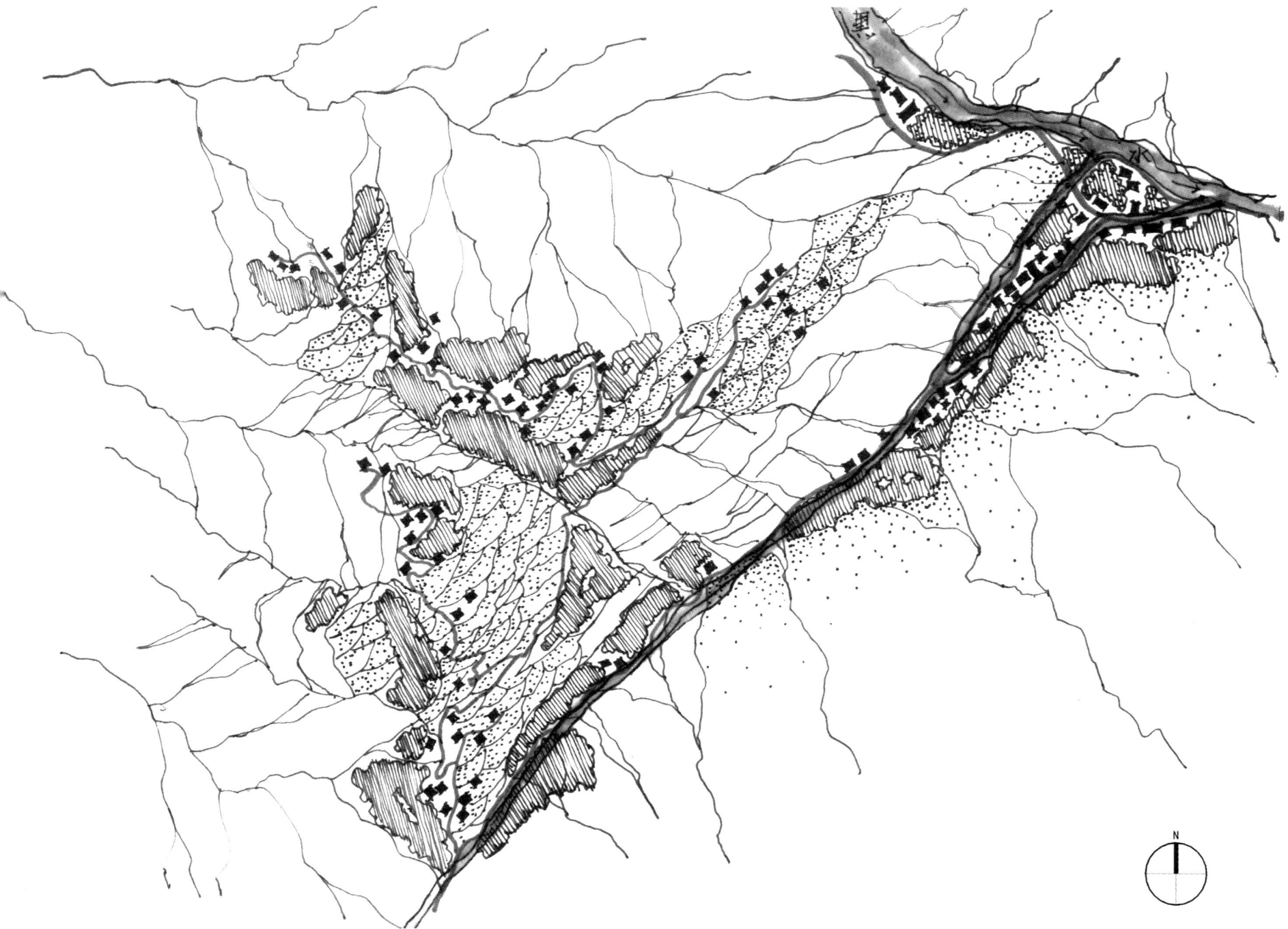

图 5.1.4—01 二古鲁村总平面图　来源：自绘

5.1.5 塔子窝村

塔子窝村在二古鲁村的下游，河谷小台地选址，是"药材藏鸡彩林沟"的旅游经济带的节点，系高山生态
移民搬迁行政村。

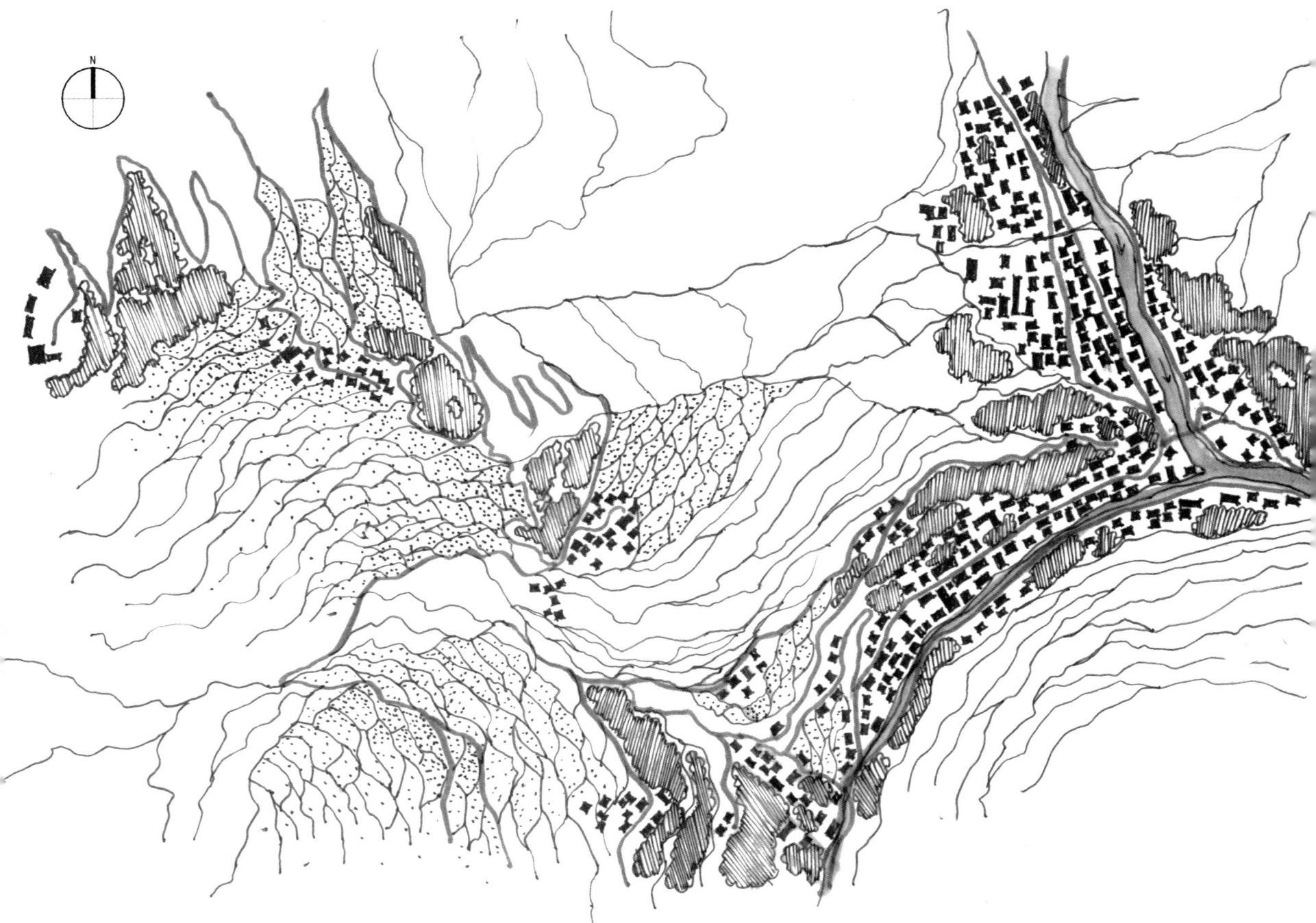

图 5.1.5-01 黑水县城及塔子窝村总平面图 来源：自绘

5.1.6 查日啊村＋查拉村

此二村在河谷冲击坝选址，处在塔子窝村下游，也是"药材藏鸡彩林沟"的旅游经济带的节点。相邻四美沟村、泽盖村、德石窝村，山清水秀，气候宜人，友好好客。村内企业有榨油厂、包装制品厂、麻纺厂、丝棉厂、玻璃厂等，主要农产品有葡萄柚、枇杷、豌豆、枣子、山梅、小胡瓜、红椒，村内矿产资源有钛铁、绿石、镓、铁矾土、钴、沙土等，生活较为富裕。

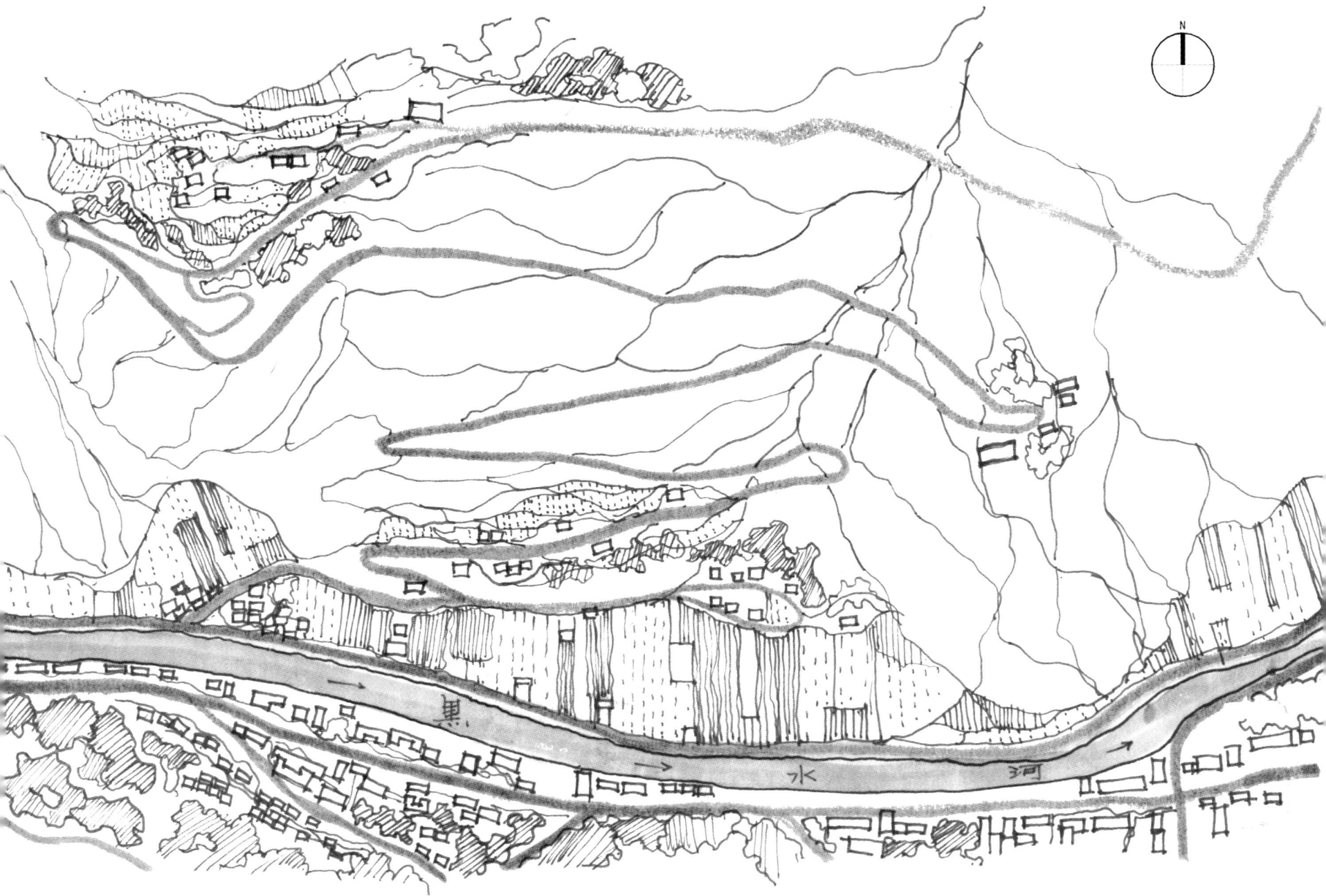

图 5.1.6—01 查日啊村＋查拉村 来源：自绘

5.1.7 甲足村

甲足村在查日村下游，在河谷半山斜坡处，村内企业有锻件厂，丝棉厂，五金铸造厂及以日化有限公司等，主要农产品为大白菜、小包菜、芒果、美洲南瓜、小胡萝卜、绿苹果、枇杷等。村内矿产资源有锗、金、铝等。

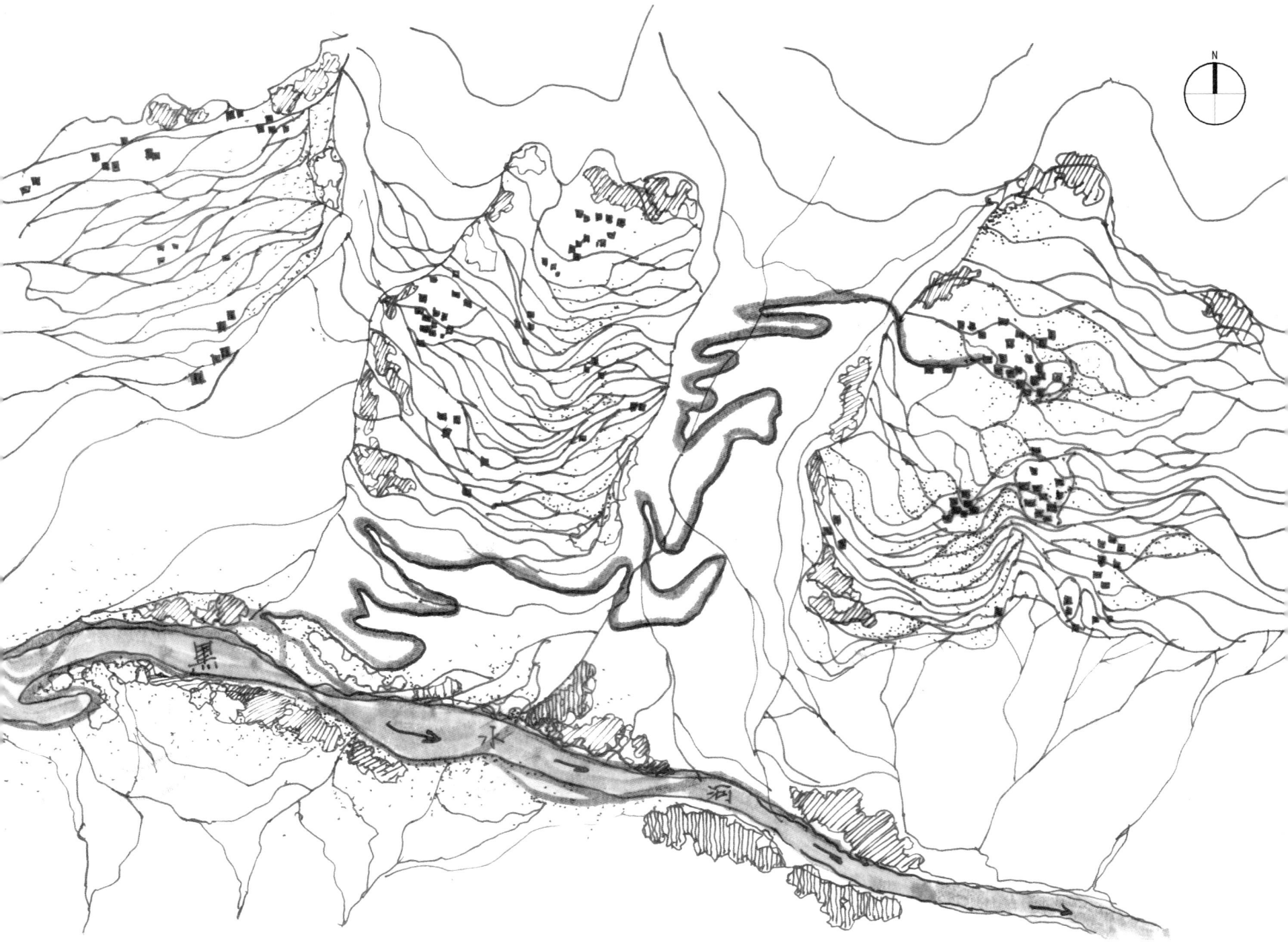

图 5.1.7—01 黑水县甲足村总平面图 来源：自绘

5.1.8 日多村+洛尔窝村

此二村地处甲足村下游，河谷冲击坝与半山坡地结合用地。村内企业有酒厂、成型煤厂、丝绸厂、塑胶有限公司等，主要农产品有枣子、莲藕、大蒜、油桃、红苕、韭菜花等，村内矿产资源有白云石、长石、锰、电气石、辉铜矿等。

图 5.1.8-01 黑水县日多村+洛尔窝村总平面图 来源：自绘

5.1.9 小铁别村

小铁别村地处日多村下游，河谷冲积扇用地，地处要塞，山明水秀，气候温和。村内企业有肉联厂、路面砖厂、家具厂、制绳厂、包装制品厂等；主要农产品有葡萄、绿苹果、猕猴桃、绿叶菜、羽衣甘蓝等，村内矿产资源有橄榄石、赤铁矿、镁盐等。

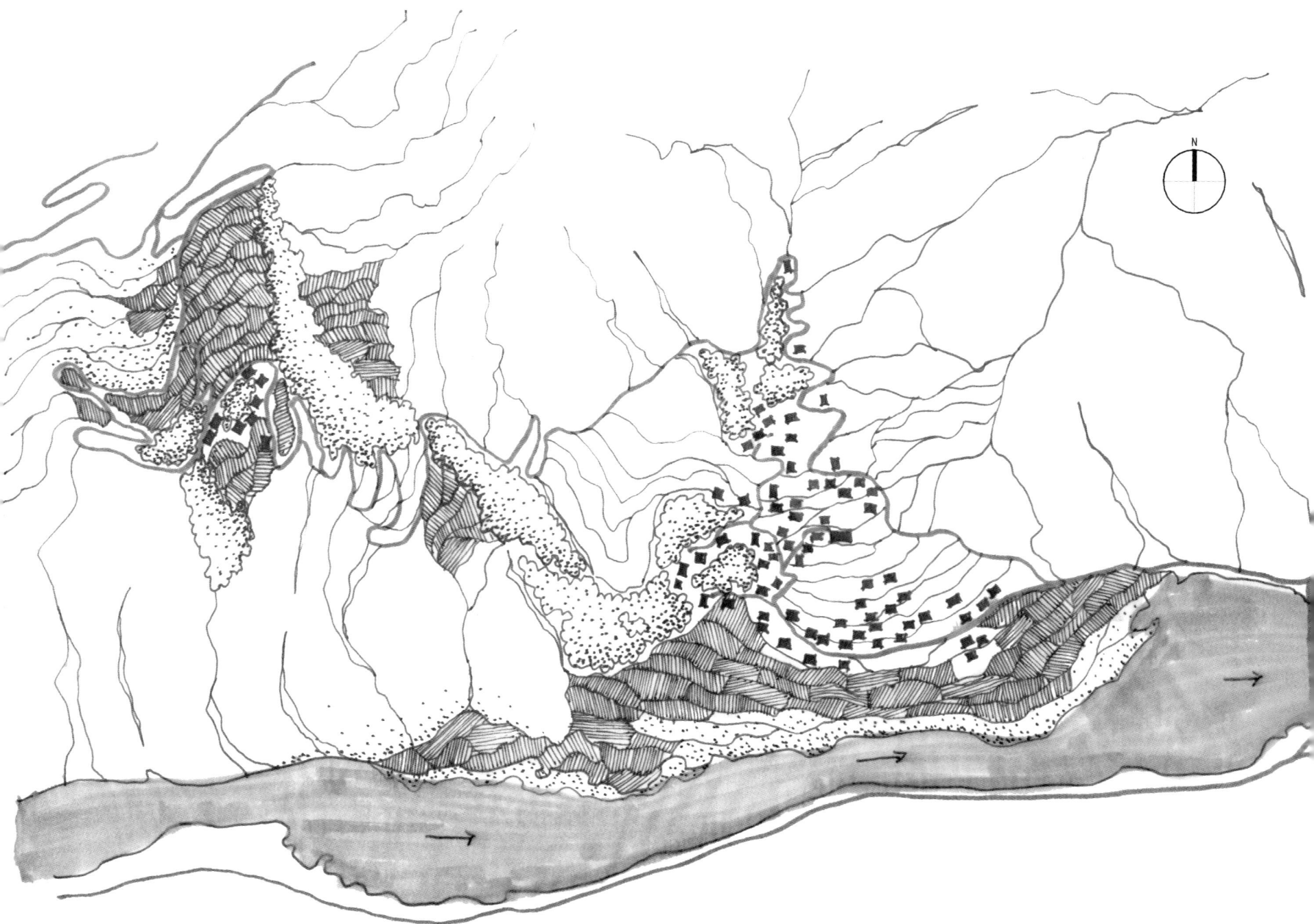

图 5.1.9-01 黑水县小铁别村总平面图 来源：自绘

5.1.10 卓格大都 + 竹格都村

此二村地处小铁别村下游, 河谷冲击坝与半山坡地结合, 民风淳朴, 毓秀钟灵。村内企业有轴承仪厂、机砖厂、化肥厂、金属制品厂、麻纺厂、地毯厂等; 主要农副产品有欧洲萝卜、洋蓟、山药、水果、大树菠萝、大蒜、胡萝卜、枣子等; 村内矿产资源有黑云母、锗、辰砂、金等。

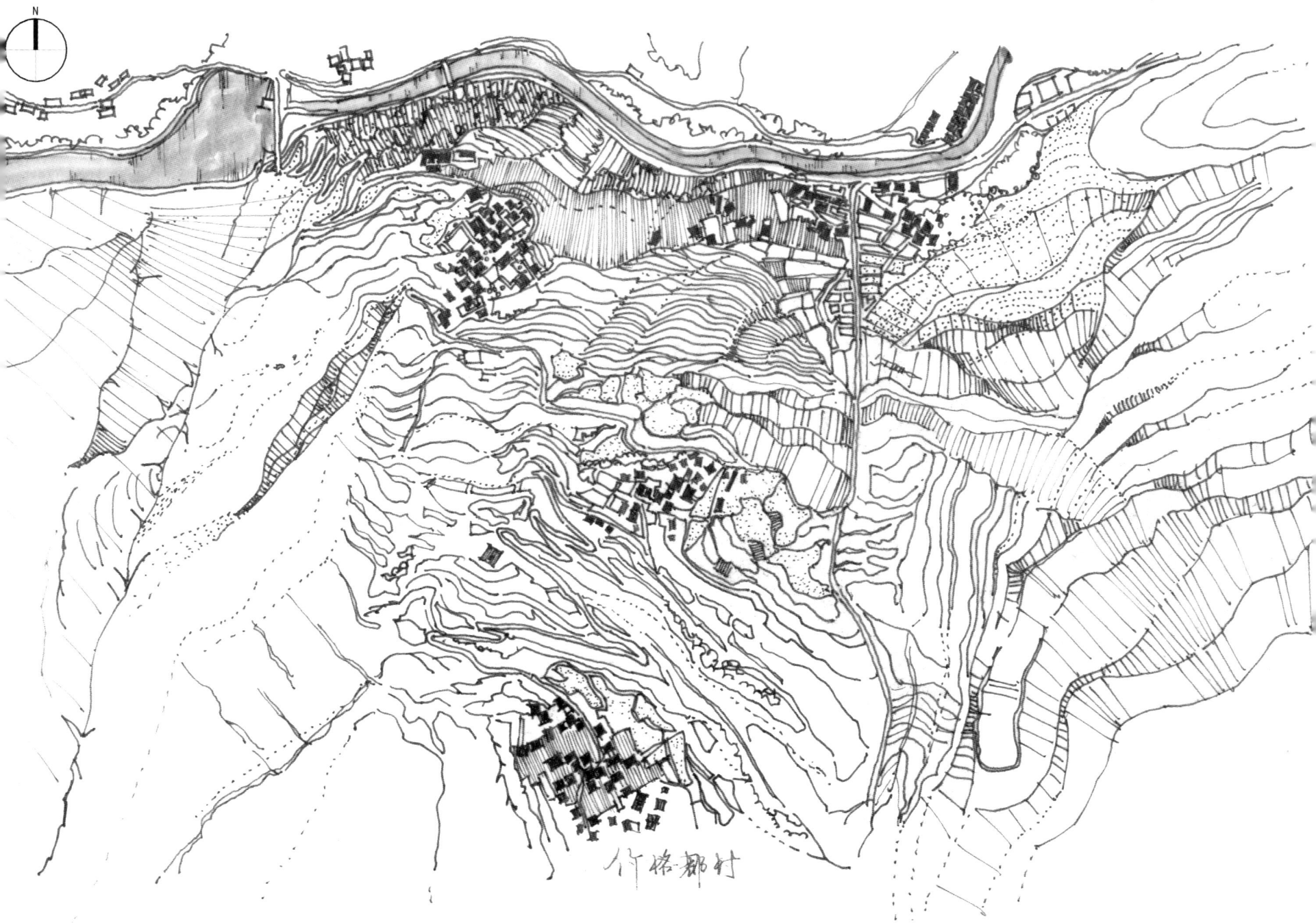

竹格都村

图 5.1.10-01 卓格大都, 竹格都村总平面图 来源: 自绘

5.1.11 红岩乡

1959 年置红岩乡，1967 年改为公社，1984 年复乡。距县府 12 公里，面积 139 平方公里，人口 0.3 万。茂（县）黑（水）公路过境，辖红岩、云林寺、俄恩、白日、布多 5 个村委会。乡镇企业有农具厂、砖瓦厂；农业主产小麦、玉米、青稞；经济林木有苹果、花椒、核桃；经济作物有油菜、大蒜、亚麻等；名贵药材有贝母、麝香、当归。

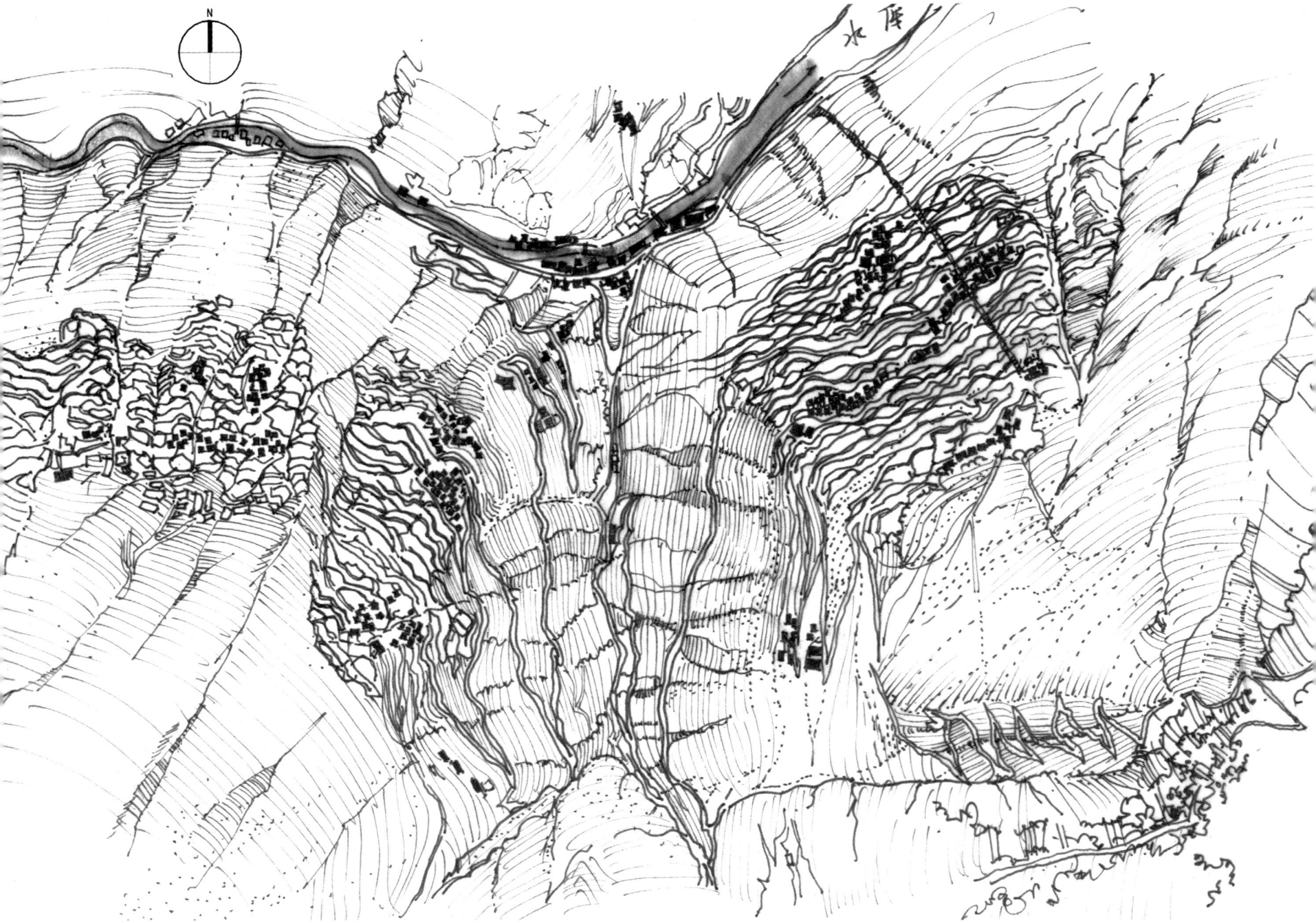

图 5.1.11-01 红岩乡及各村总平面图 来源：自绘

5.1.12 红岩乡南坡

红岩乡南坡各村均为高山斜坡地，种植洋葱、脱毒薯、大蒜、苦荞、核桃、大麻等经济作物，药材种植有贝母、麝香、当归等。

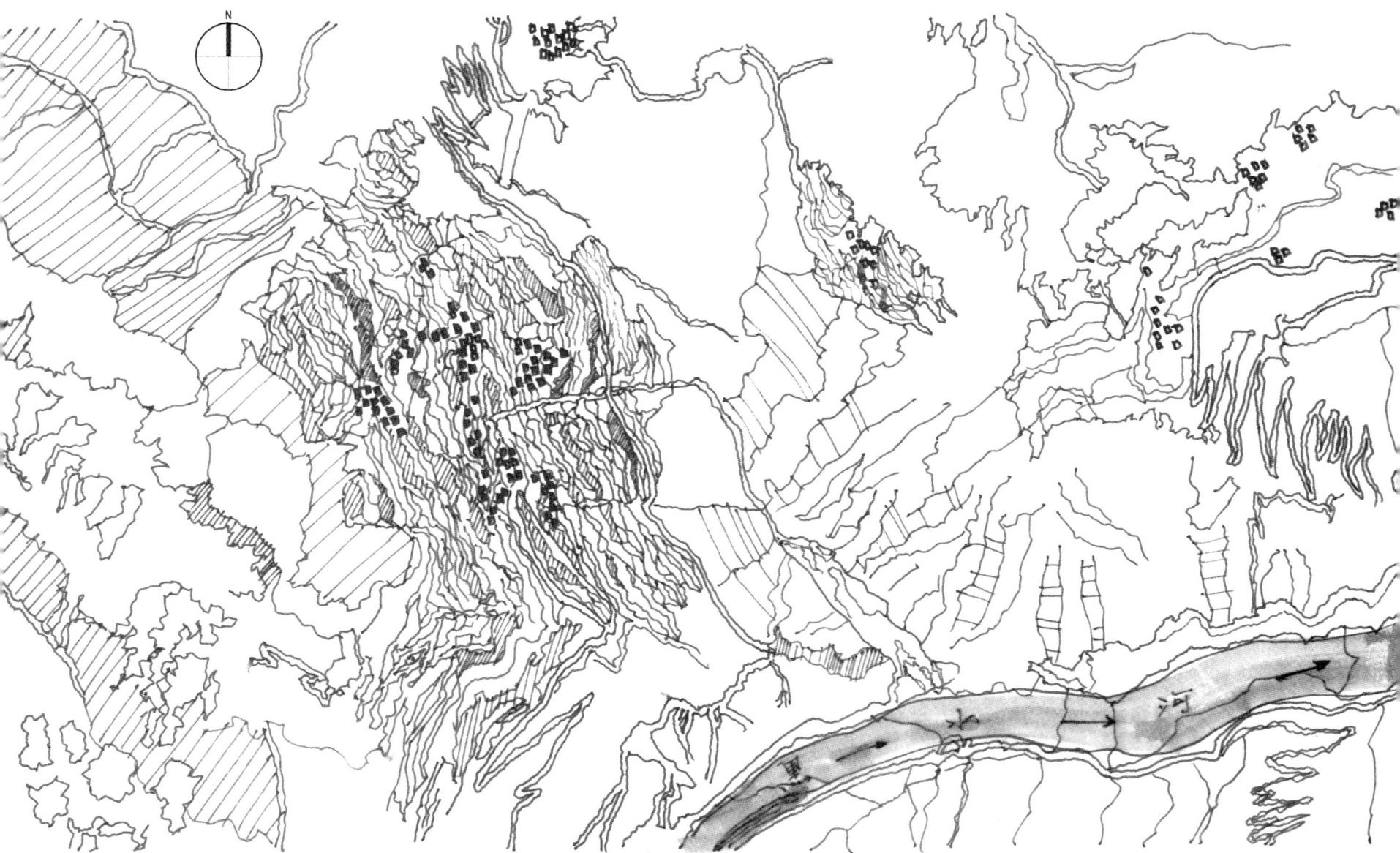

图 5.1.12-01 黑水河水库红岩乡南坡各村总平面图 来源：自绘

5.1.13 瓦格村

瓦格村地处半山斜坡地，村落零散，种植青稞、苦荞、核桃、大麻等经济作物；药材种植有贝母、麝香、当归等，由于耕地少土地贫瘠，因而较为贫困。

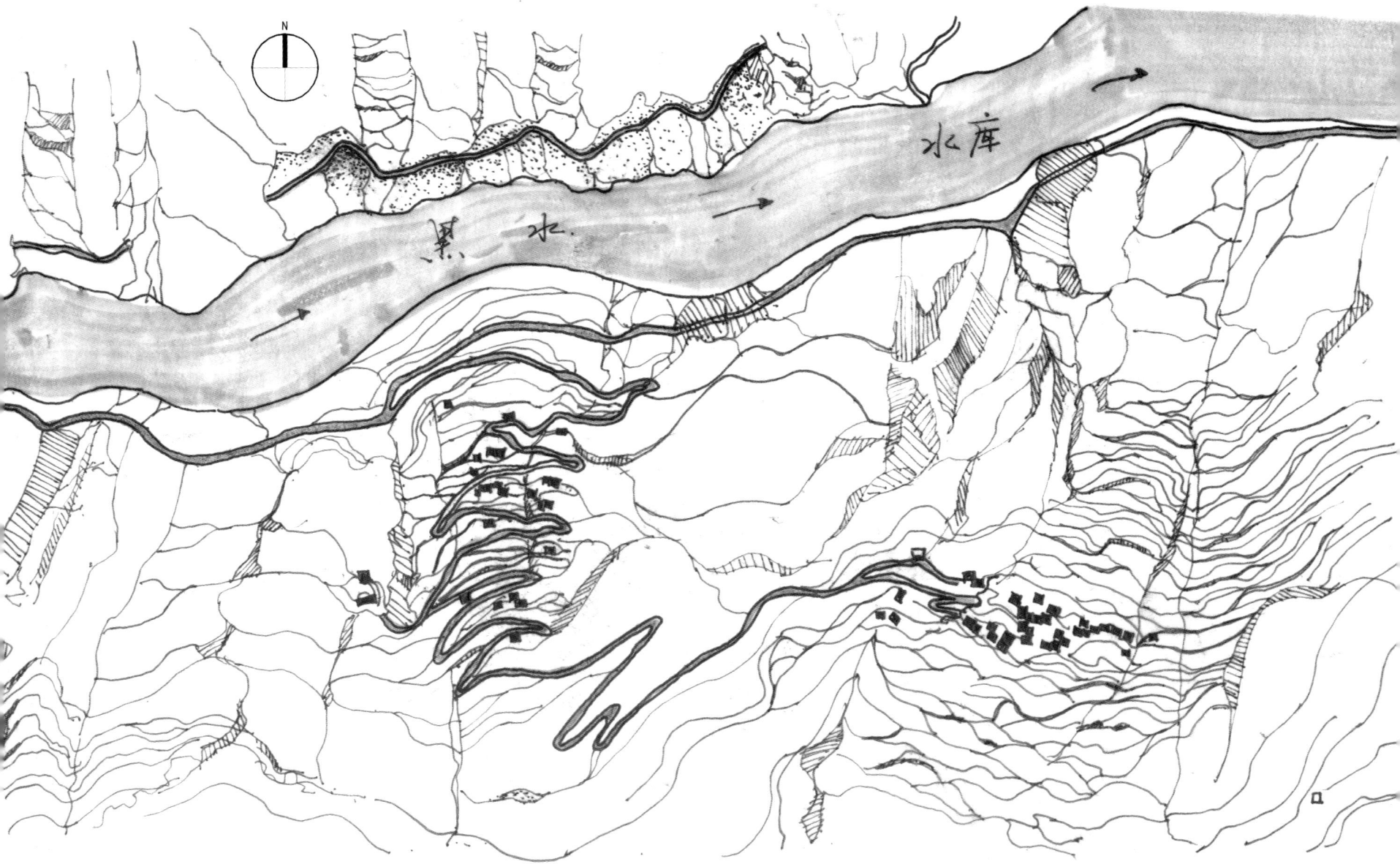

图 5.1.13—01 黑水河水库瓦格村总平面图 来源：自绘

5.1.14 布多村

布多村地处高山斜坡台地，毗连俄恩村、云林寺村，人勤物丰，风景秀丽，空气优良。主要农产品有西兰花、番茄、火龙果、羽衣甘蓝、乌饭果、西瓜等；村内矿产资源有钛铁矿、海泡石、赤铁矿、铝土矿、石灰石等。

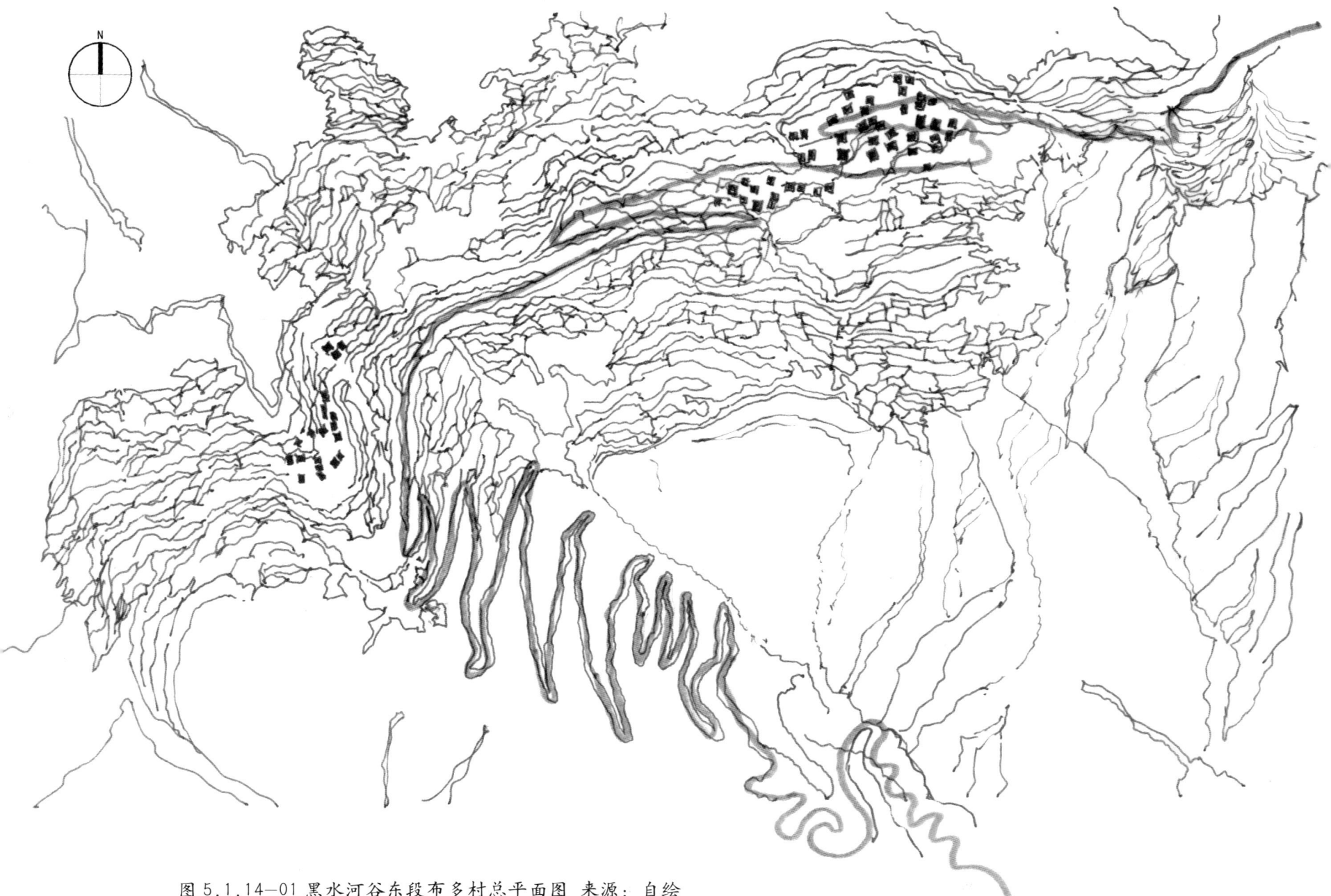

图 5.1.14—01 黑水河谷东段布多村总平面图 来源：自绘

5.1.15 龙坝乡

龙坝乡以河谷二台地为村址，毗连俄恩村、云林寺村，村内企业有汽车配件有限公司、路面砖厂、沙发厂、服装厂等；主要农产品有西兰花、番茄、火龙果、羽衣甘蓝、乌饭果、西瓜等；村内矿产资源有钛铁矿、海泡石、赤铁矿、铝土矿、石灰石等。

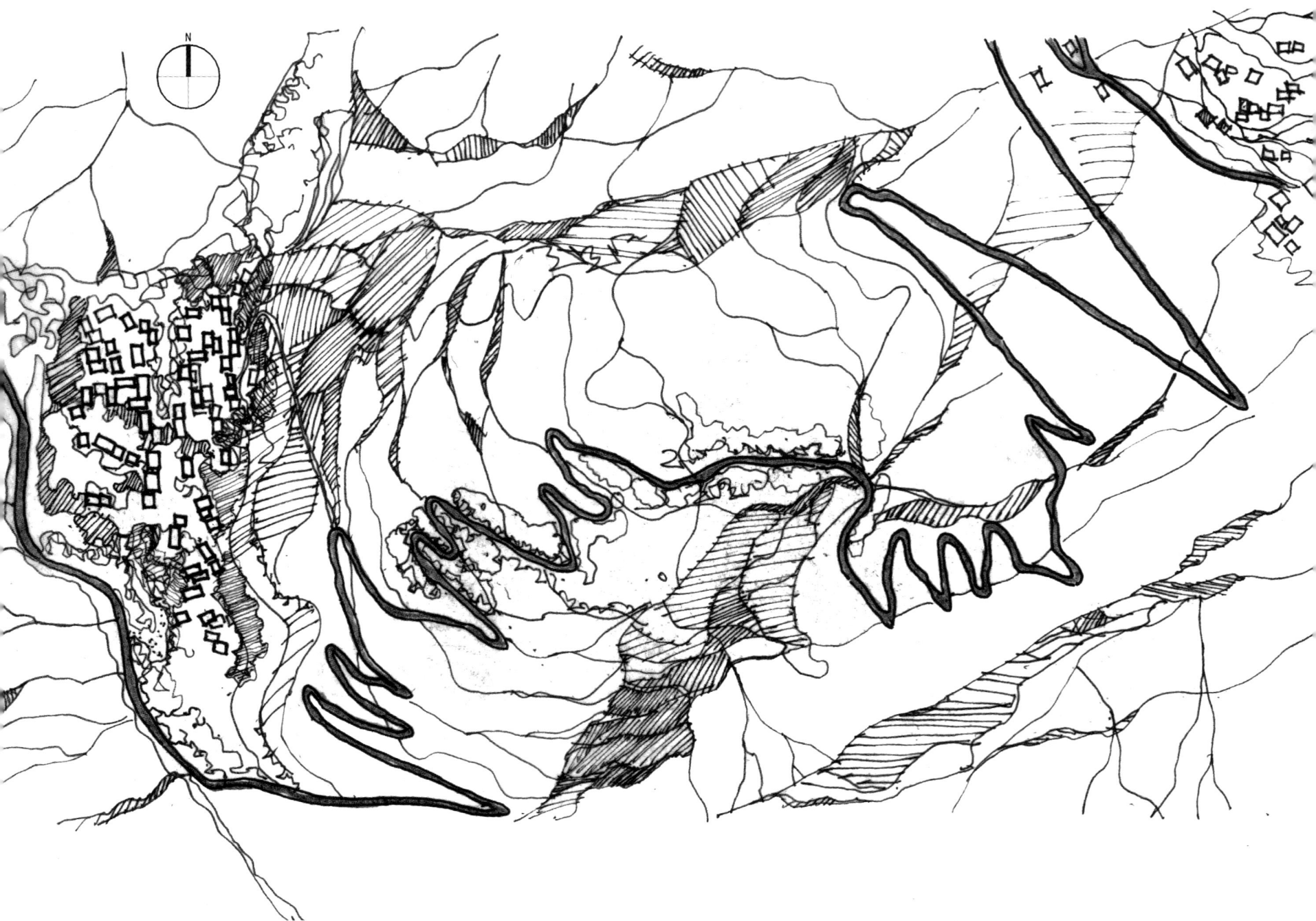

图 5.1.15—01 龙坝乡场镇总平面图（场镇，黑瓦村）来源：自绘

5.1.16 麻窝乡

麻窝乡北坡各村地处河谷北坡高山台地，主要由扎窝村、牙窝村、木日窝村、苗儿窝村、十古窝村、瓦扎村组成。

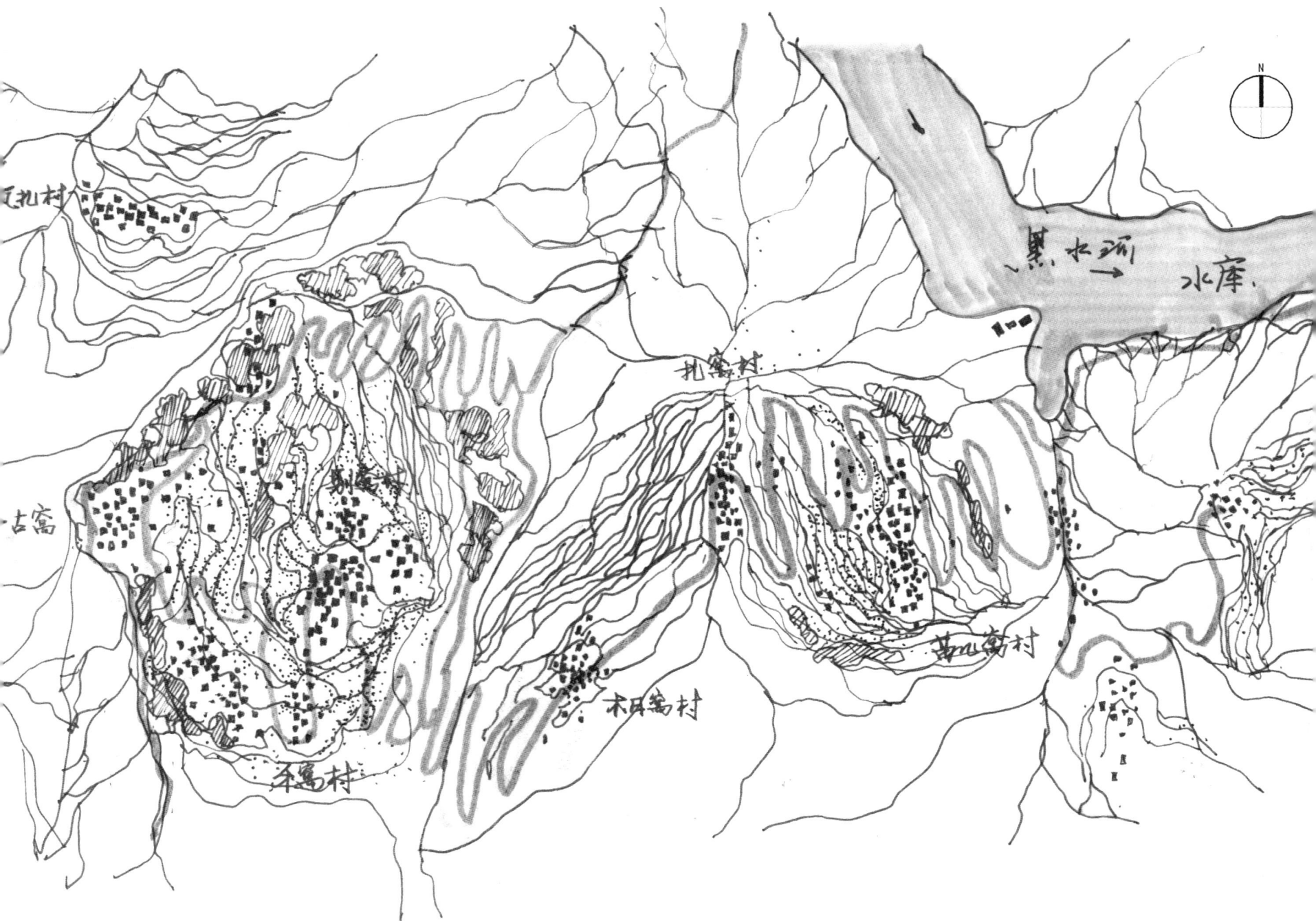

图 5.1.16—01 麻窝乡北坡各村总平面图　来源：自绘

5.1.17 木苏乡

木苏乡在明朝时隶属麦扎族长土司；清朝康熙四十二年（公元1703年）设置慈坝千户，自成一部落。同治年间设置土守备，称"七布"土宫；1956年10月成立慈坝乡；1959年10月划热十多村归双溜索乡管辖；1967年春成立红峰人民公社；1984年1月恢复乡建制。木苏乡场镇选址于黑水河谷滩地，黑水县城东南部，地处县城芦花至色尔古公路沿线中部，面积134平方公里，与维古乡、双溜索乡相邻，境内最高海拔3100米，最低海拔1900米。全乡共有9个村，23个村民小组，总户数1084户，总人数4593人。现有耕地面积8112亩，退耕还林面积3385亩，全乡森林面积22835.5亩。全乡农作物主要有小麦、玉米、洋芋、青稞、苹果、核桃等，是全县以农业为主的人口大乡。木苏乡北坡的高半山，主要分布有罗窝村、格达窝村、日十多村、大寨子村等，这些村庄均是坡地农耕经济，种植作物与其上游各村大致相同。

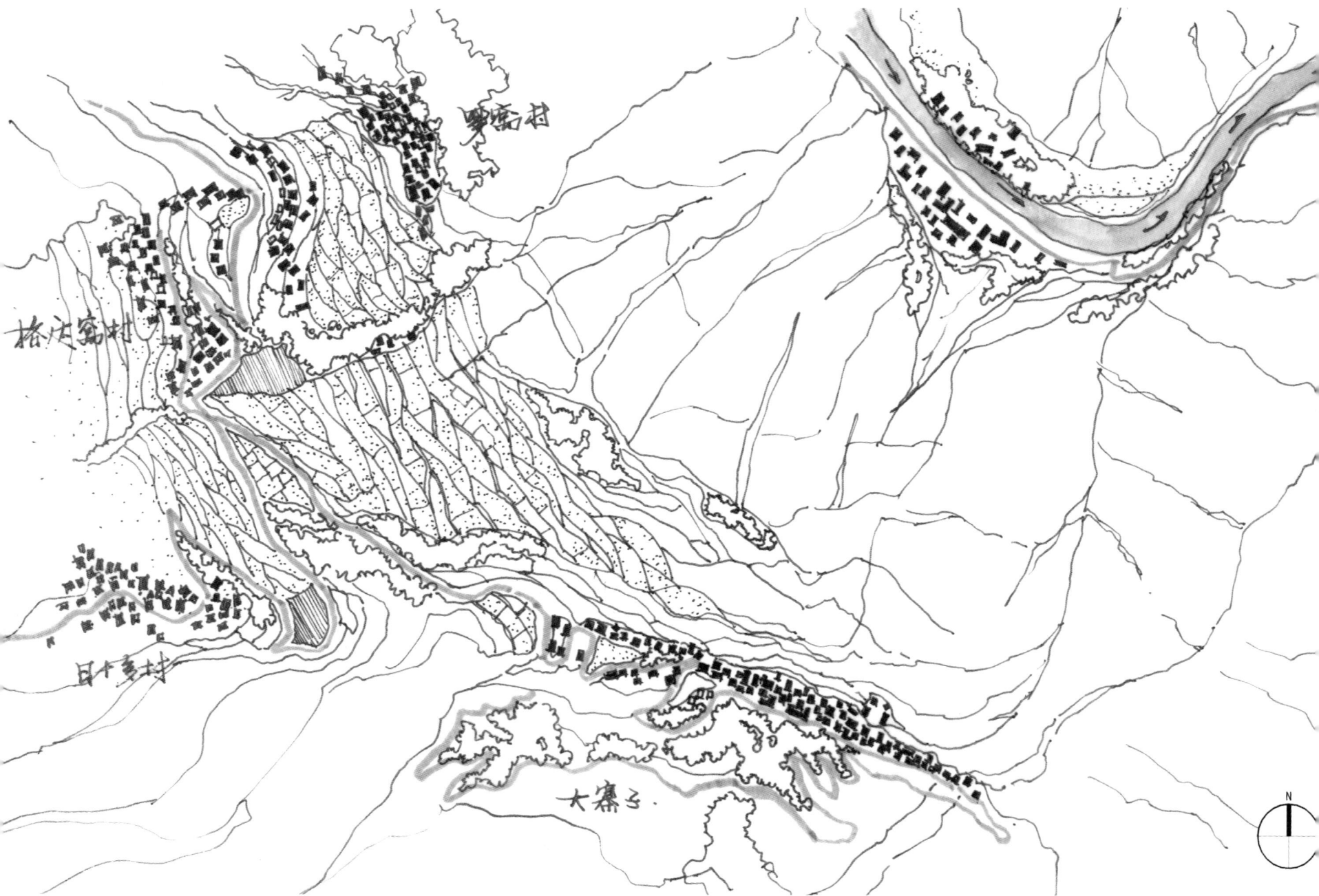

图 5.1.17-01 木苏乡北坡各村总平面图　来源：自绘

5.1.18 色尔古寨

色尔古藏寨位于黑水县东大门，与茂县接壤，海拔1790米，属于干旱河谷，气候湿润，物产丰富，有"小江南"之称。色尔古藏寨是一个典型的藏羌民族文化交融相汇的地方，它依山势，傍猛河而建，是一座原始古朴而又神秘的藏寨村落，被誉为"东方的古堡"。色尔古藏寨距今有一千多年的历史，色尔古由三个寨子组成：上寨、下寨、娃娃寨。下寨主要体现地下防御体系，上寨主要利用险要地势防御敌人，娃娃寨主要体现空中防御体系，因此色尔古藏寨是一个有完整军事防御系统的藏寨。色尔古藏寨村民主要信奉藏传佛教和羌族的图腾文化，被有关专家誉为研究藏族文化的活化石。

色尔古藏寨名称来源于嘉绒藏语，其语意为"盛产黄金的地方"，据传说古时候的色尔古曾经灵光突降散射出金色的光芒，藏寨所建位置便是守住黄金宝库的位置。历史上色尔古人为了抵御外族的侵犯，群居筑石头城堡，从而形成了独特的河谷坡地宗堡，堪媲美于"西方古堡"。藏寨拥有着独特的风格以及原始而神秘的风貌，凝聚了藏文化的精华所在。藏寨的碉楼历经千百年而不衰，荟萃了碉堡式工艺住房、神秘而多变的地下迷宫通道、相互衔接的屋顶等，构成了奇特而精湛的藏族建筑艺术，"横看成岭侧成峰"层峦叠嶂沿着山势建成的古藏寨，犹如自然生长而出。

寨子与河道之间的耕地生产粮食，建筑退到河谷二台地，留河谷冲击坝进行农耕，是微地理单元环境下明智而朴素的生态智慧，色尔古寨是嘉绒藏寨结合地形，取材于本土，凿石筑屋的典型代表。依山脊而建寨，居高临下，山地多石，少产木，因而碉楼多用片石沾黄泥浆砌筑成墙体，砌筑经多年改造而层色不同，呈现出历史感。

碉楼基本在二层与三层之间，底层墙体厚，然后逐层向斜上方向，呈台柱型收分，基础坚固，冬暖夏凉，修建百年而不垮。片石＋泥巴不需用吊线辅助，凭眼力直接砌筑而成。居住建筑一般为三层，第一层是牲畜棚；第二层是人的居所；第三层是经堂，也可谓之神仙居所。因此有说法："人在畜上，神在人上。"

图5.1.18—01黑水河东南段色尔古寨总平面图　来源：自绘

5.1.19 石碉楼乡 + 木须村

石碉楼乡场镇选址于黑水河谷冲积扇。

1956 年置石碉楼乡，1967 年改东风公社，1973 年更名石碉楼公社，1984 年复乡。乡域面积 1176 平方公里，人口 14257 人，现有耕地面积 13692 亩，退耕还林面积 12163 亩，草原总面积 707749.6 亩。石碉楼乡的粮食主产主要是：玉米、小麦、青稞，经济作物有：油菜、亚麻、大麻等，经济林木有：梨、苹果、核桃、花椒。

木须乡场镇择基于前者东部半山坡地，该村爬坡碉房层叠有致，煞是壮观！网上盛传该村锅庄舞劲道，颇具地方特色。

黑水汇入岷江前的茂县流域段为藏羌过渡区，笔者调研了罗顶寨、龙坪村以及三龙乡场镇，这里的嘉绒藏风逐渐稀薄，地处高山平台上的罗顶寨地势险要，蔚为壮观！

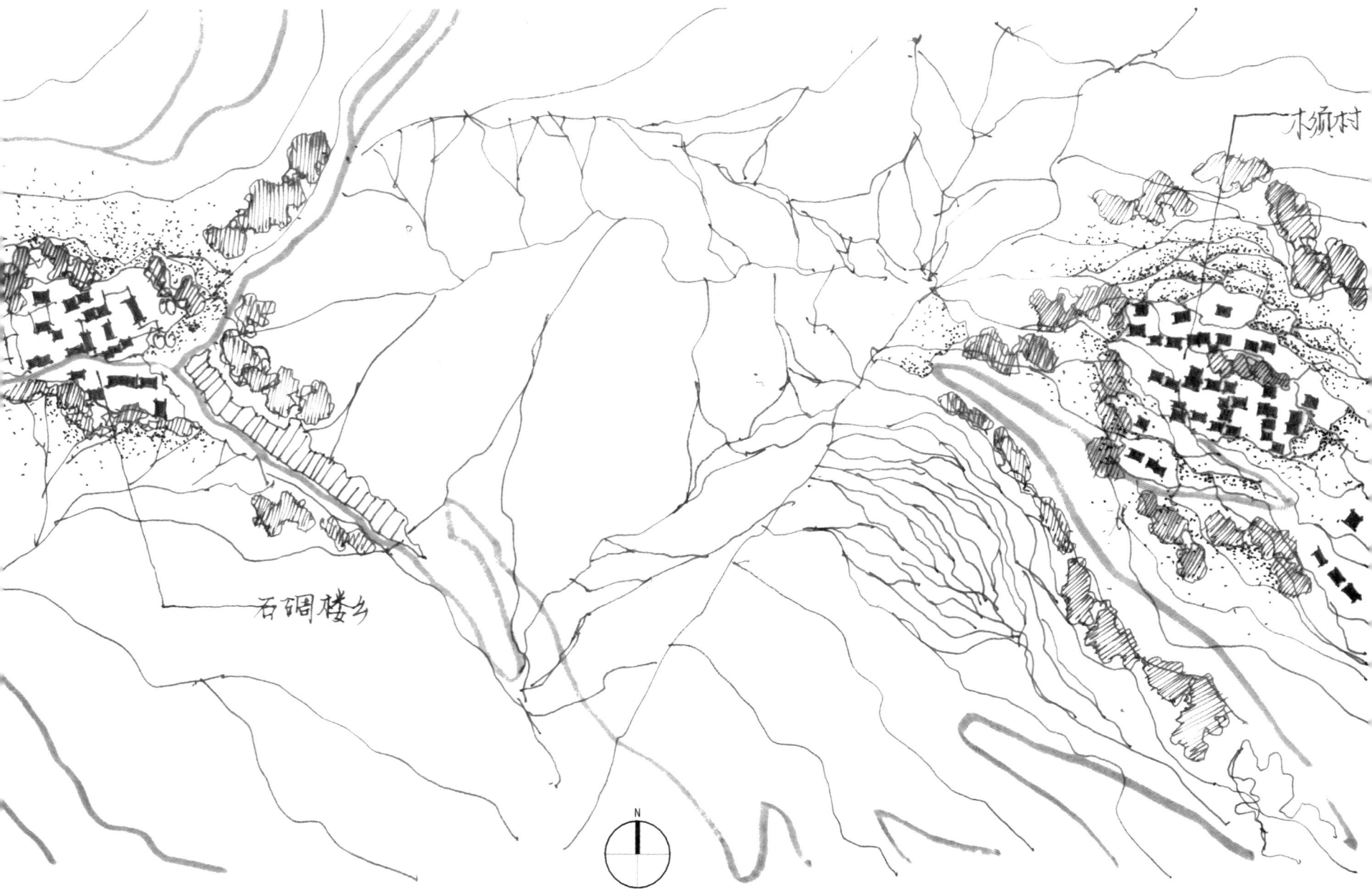

图 5.1.19—01 石碉楼乡场镇及木须村总平面图 来源：自绘

5.2 黑水河谷——茂县调研村镇（乡）

黑水下游的茂县段是主要的羌族聚居区，西北段靠近黑水县有少量藏羌杂居的村寨，也是民族融合的佐证，其中洼底乡的罗顶寨是最典型的高山台地村寨，寨址距离河谷底部相对高差约 1000 米，极为险峻壮观。

图 5.2-01 黑水河谷茂县－嘉绒藏族聚落分布示意图 来源：自绘

5.2.1 罗顶寨

茂县白溪乡罗顶寨，海拔3200米，距离黑水河谷底相对高差约900米，典型的高山台地村落，村民主要为嘉绒藏族，民居群落分布于北部，背靠高山。村落与台地边缘之间开垦为农田，种植青稞、小麦、玉米等，经济作物有油菜、亚麻、大麻等，经济林木有梨、苹果、核桃、花椒等。

罗顶寨是黑水流域距河谷相对高差最大的高山藏寨。

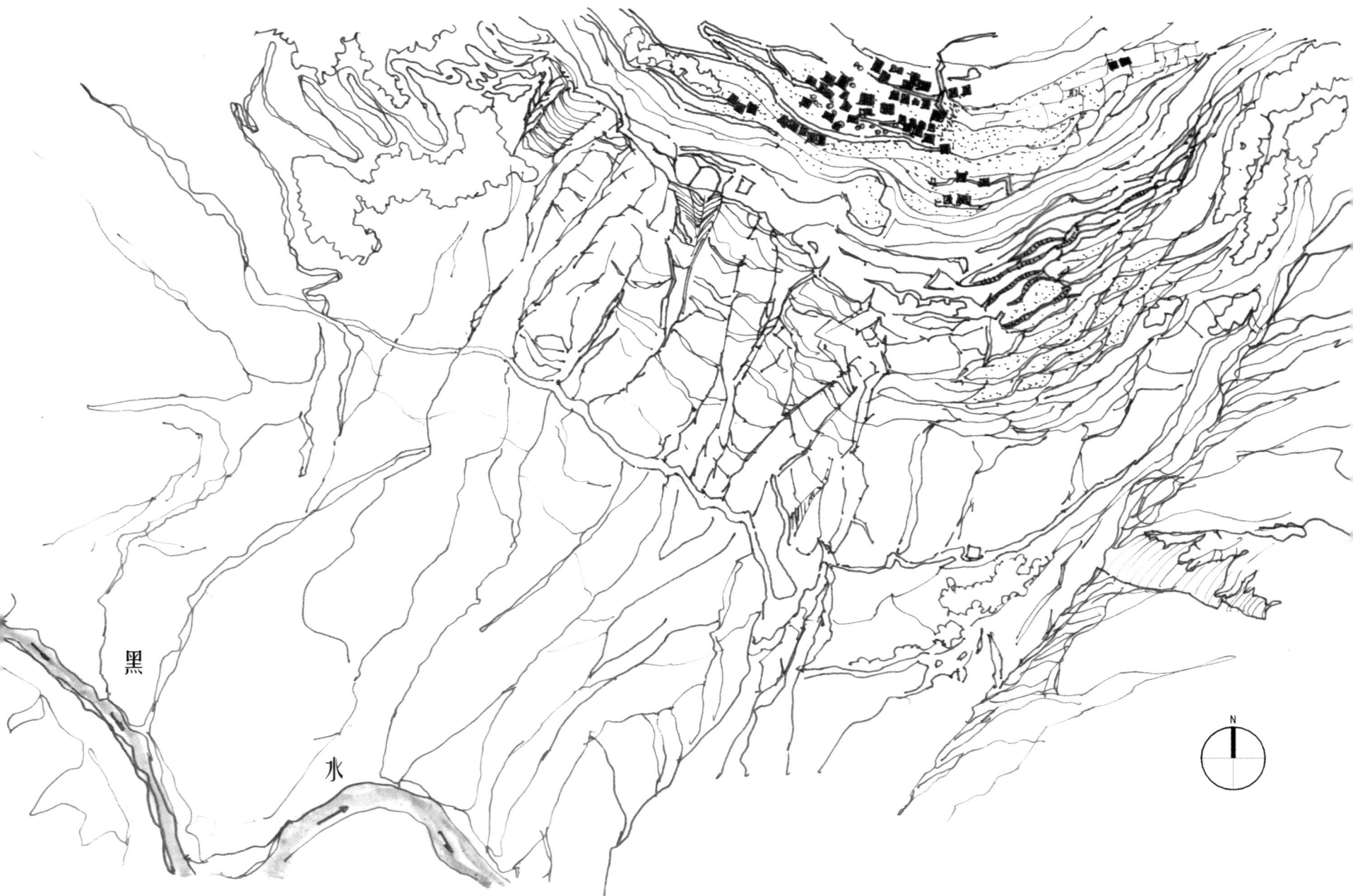

图 5.2.1-01 黑水河谷东段罗顶寨总平面图 来源：自绘

5.2.2 龙坪村

龙坪村地处于黑水与其支流汇合口部的冲积扇，面积相对较大，户均耕地较充足，民居集中聚集，与林盘紧密结合，约30户100余人，种植小麦、玉米等，经济作物有油菜、亚麻等，经济林木有梨、苹果等。

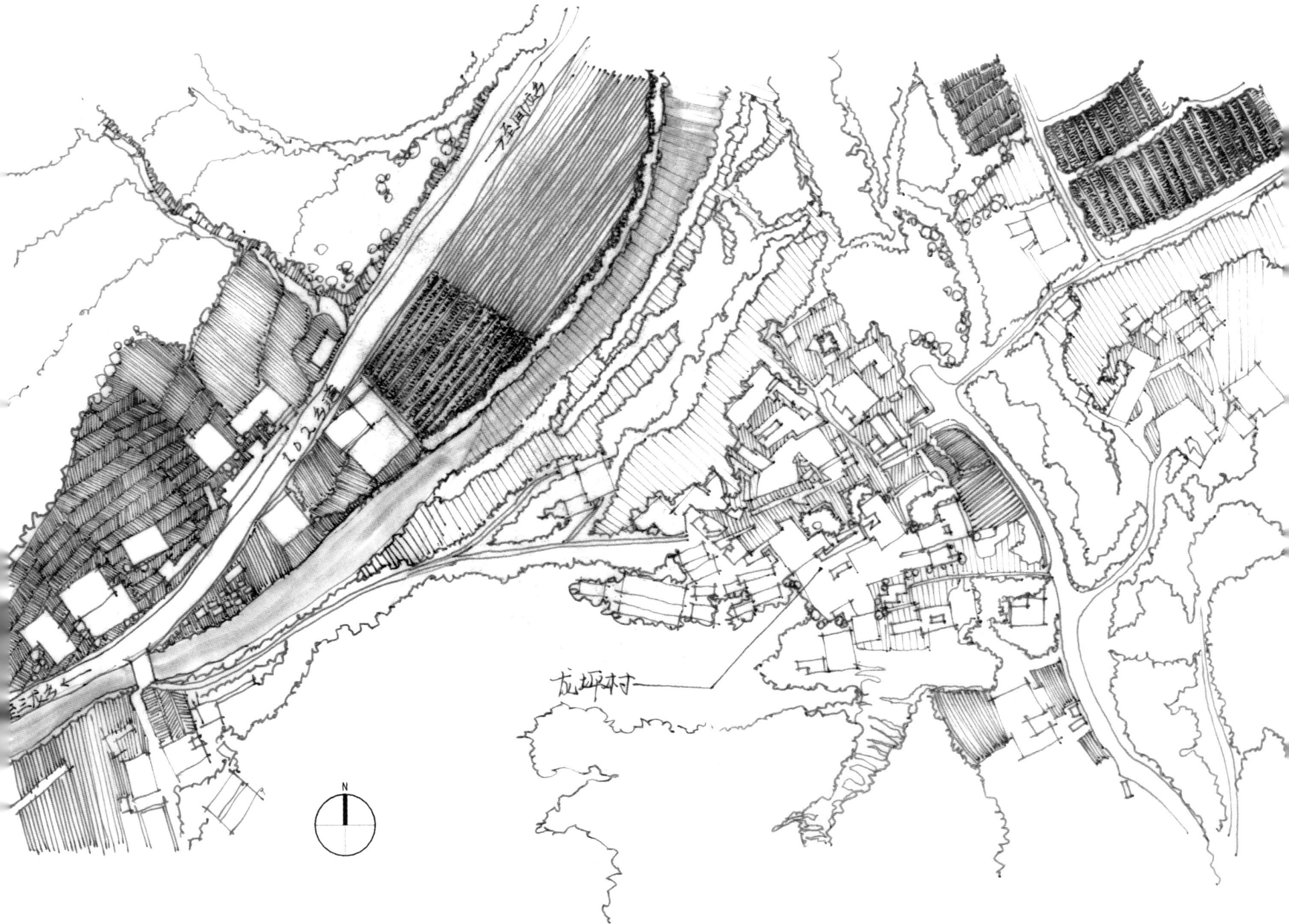

图 5.2.2-01 龙坪村总平面图　来源：自绘

5.2.3 三龙乡

1951年建三龙乡，1966年改公社，1983年复乡。位于茂县西部，距县府32公里。面积22.5平方公里，人口0.3
万。场镇选址于黑水河支流回龙溪上游，山间缓坡地貌。农业主产玉米、马铃薯、豆类。经济林木以苹果为主。
藏羌杂居，羌族为主。羌族刺绣闻名。境内有红军碉，是1935年30余名红军牺牲的地方；有建于清道光
十一年（公元1831年）的"卡玉村山王塔"，保存完好。

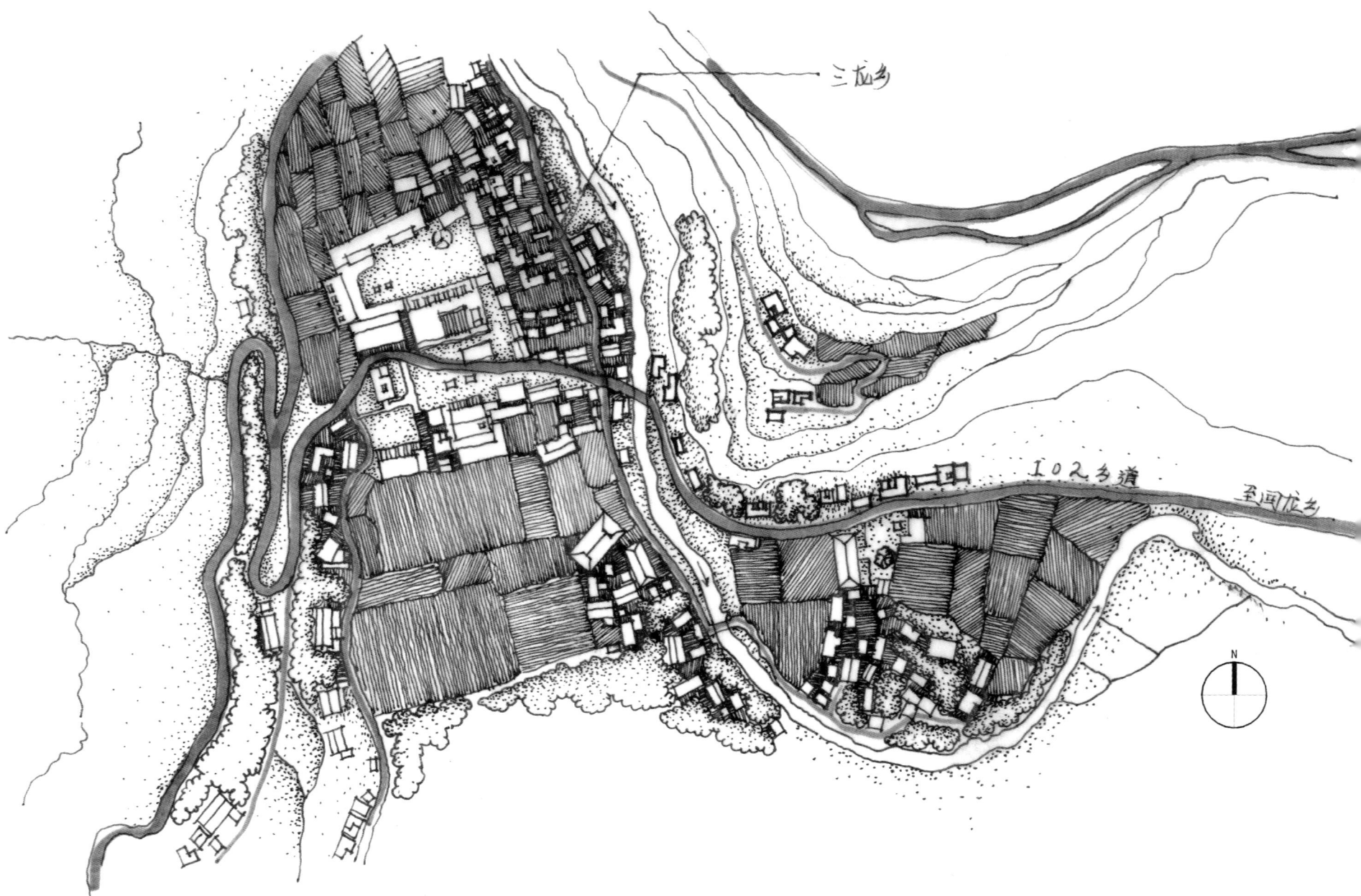

图 5.2.3-01 三龙乡场镇总平面图 来源：自绘

5.3　杂谷脑河谷——理县

杂谷脑河，发源于鹧鸪山的南麓，系岷江支流，古名沱水。据《理番厅志》所载，自江水溢出，别为支流者，皆名曰沱，故名沱水。后因沱水流经重镇杂谷脑镇，因而更名为杂谷脑河。经理县境内的米亚罗、杂谷脑、薛城，而后进入汶川县，在威州江汇入岷江。杂谷脑河全长 158 公里，流域面积 4629 平方公里。多年平均流量 9.9~122 立方米／秒，最大含沙量为 51.9 公斤／立方米。杂谷脑河水量丰富，落差大，水力资源丰富。但杂谷脑河流域大部分区域降雨量少，蒸发量大，山高坡陡，土地瘠薄，植被稀疏，水土流失严重，崩塌、滑坡、泥石流等山地灾害时有发生，自然生态环境脆弱。

杂谷脑河流域是藏羌混居地带，藏族聚居的乡镇主要有米亚罗镇、古尔沟镇、曾头寨、甘堡寨、孟屯河谷的上孟乡。

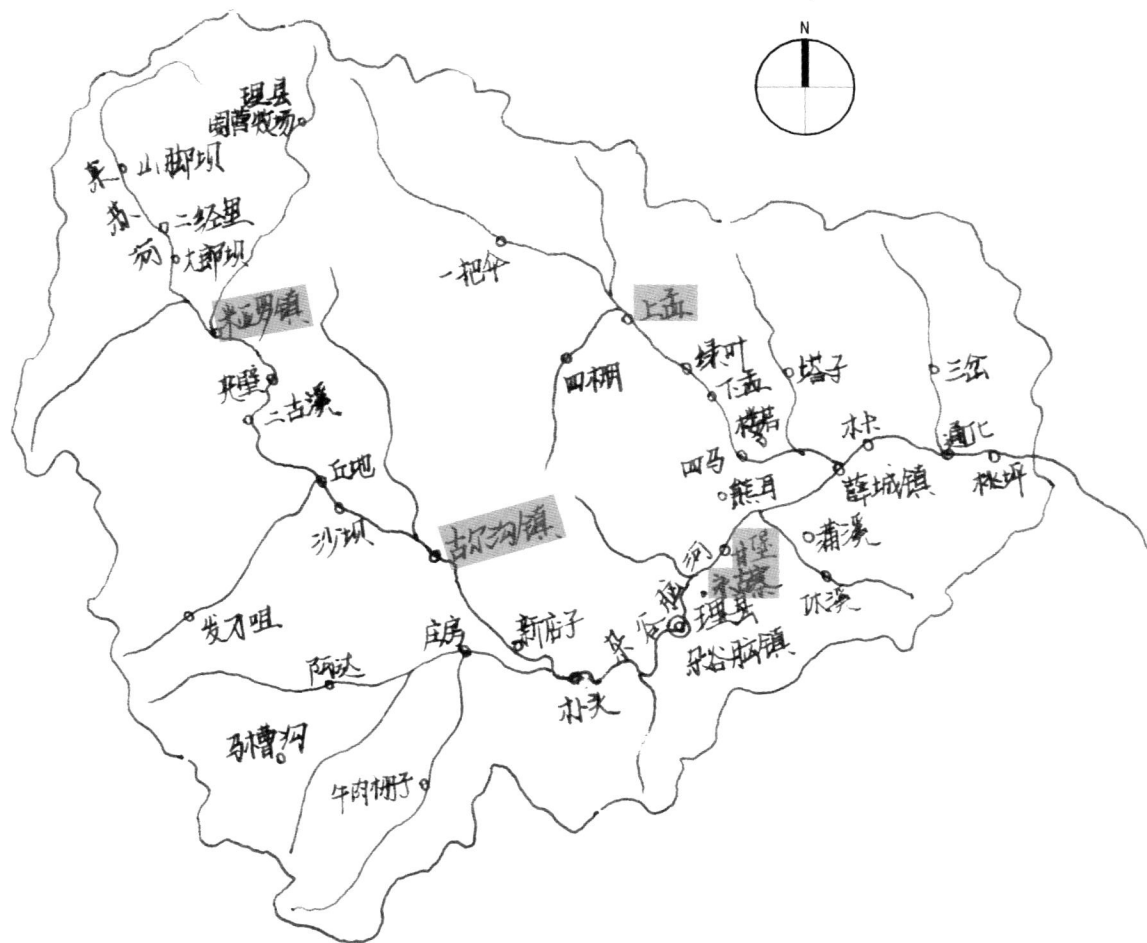

图 5.3-01 杂谷脑河谷理县嘉绒藏族聚落分布示意图　来源：自绘

5.3.1 米亚罗镇

米亚罗，藏语译为"好玩的坝子"，场镇位于岷江支流"杂谷脑"河谷地带，鹧鸪山南部，距理县县城西北61公里，辖区面积670平方公里，平均海拔2735米，年平均气温6.2摄氏度。

米亚罗红叶景区面积达3688平方公里，景区植被覆盖面积90%，森林覆盖面有75%，山、水、林生态环境保持优良。金秋时节，万树姹紫嫣红，争奇斗艳，斑斓的色彩与蓝天、白云、山川、河流构成一幅醉人的金秋画卷。印证了唐代著名诗人杜牧"停车坐爱枫林晚，霜叶红于二月花"的千古名句。米亚罗一带是中国面积最大、景观最佳的红叶风景区，米亚罗镇是红叶景区的旅游接待中心地。

图 5.3.1-01 米亚罗镇总平面图　来源：自绘

5.3.2 古尔沟镇

古尔沟镇地处杂谷脑河河谷滩地，用地为西北至东南的狭长地块，海拔 2407.6m，年平均气温 8.2℃，无霜期 162 天，镇域面积 547.9km。1999 年由沙坝乡政府改为古尔沟镇，全镇辖 4 个行政村、13 个村民小组、总户数 498 户，总人口 2169 人，其中农业人口 2009 人，耕地面积 2688 亩，是成都市蔬菜主要基地，主产蔬菜（大白菜、花白、花椰菜、莴笋）、玉米、洋芋、青稞、胡豆等。古尔沟镇是米亚罗红叶风景区的重要组成部分，有著名的古尔沟温泉，现已完全演变为温泉酒店密集扎堆的度假小镇，但建筑风貌混乱，嘉绒藏族风情渐逝，民俗风情展示为商业表演。

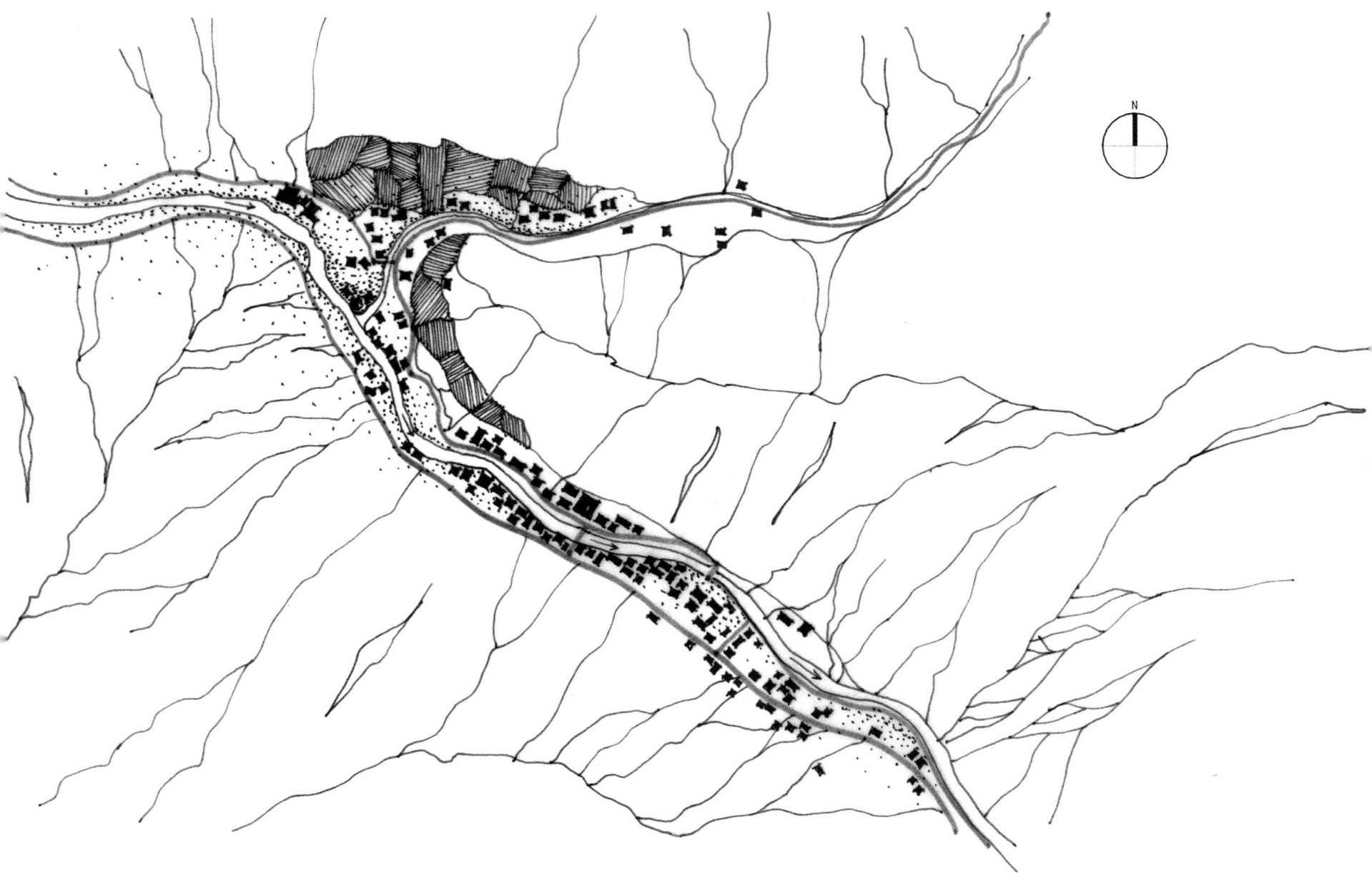

图 5.3.2-01 杂谷脑河理县古尔沟镇总平面图　来源：自绘

5.3.3 永古寨＋曾头寨

曾头寨的历史可追溯到公元前110多年，上寨和中寨曾经碉楼林立，随着时代变迁，由于自然因素和人口不断迁移等各种原因，如今只剩下残垣断壁，为羌寨，以羌族为主，有少量藏族。

这正是嘉绒藏语川西羌族融合的佐证。民族学上有一个说法，现代嘉绒藏族就是公元1世纪，西藏佛苯争斗中，被松赞干布家族排挤，跟随失利的苯教一起东迁至四川嘉绒地区的古吐蕃贵族，再与本土羌族融合的后裔。因此，嘉绒藏居和羌居十分相似，非专业人士几乎难分究竟。

曾头寨，自然生态环境纯净，人文景观纯朴深厚。寨子所处的位置为原始自然地带，环垦千亩沃土良田，日常生活的基本之需尽可自给。其建筑沿袭羌居特色，一楼圈养牲畜，二楼供人居住，设有卧室和伙房，三楼存放粮食、食品、杂物，四楼用作祭祀和瞭望。

由于处于藏羌走廊杂谷脑河的支流沟谷，远离民族争斗，增头寨遭受部族争斗破坏的记载罕有，较完整地保存了历史建筑、人文和风俗，是一处纯洁的净土。加之适宜的生态气候，原始的自然风光，丰富的药物宝藏，是一方淳朴的嘉绒羌寨聚落。

图 5.3.3-01 理县东南永古寨＋曾头寨总平面图　来源：自绘

5.3.4 甘堡寨

清初甘堡藏寨被称为"甘堡甲穹"，意思是"山坡上的百户大寨"，是阿坝州最大最集中的藏族村落之一。甘堡藏寨的民居、官寨全为石头建筑，却与羌区和其他藏区取材有别。甘堡藏寨居于坡地，无山石可采，故多取杂谷脑河中鹅卵石为材。整个村寨依崖而建、栋栋相连、户户相通，体现了甘堡人精湛的建筑技艺。甘堡藏寨位于理县至马尔康百里藏羌文化走廊的中心地段，是一个典型的嘉绒藏族聚落。它依山傍河而建，故得名甘堡寨，藏语意为"坡上的村落"。

甘堡藏寨独有的"博巴森根"，是甘堡藏寨独创的民间大型叙事性群众锅庄舞蹈。"博巴"藏语意味"藏人"，"森根"藏语意味"狮子"。该舞蹈产生于19世纪中期，是从东南沿海归来的屯兵们为纪念他们抗击英军的英勇事迹和牺牲的战友而创作。国家非物质文化遗产"博巴森根"、屯兵文化、农耕文化都是甘堡藏寨独有的风情文化，再加上独特的地理位置，极富特色的民族建筑和风情浓郁的民风民俗，甘堡藏寨实为藏羌文化走廊上一颗璀璨的明珠。

5·12汶川特大地震灾后重建中，甘堡寨是阿坝州最主要的民生重建项目。

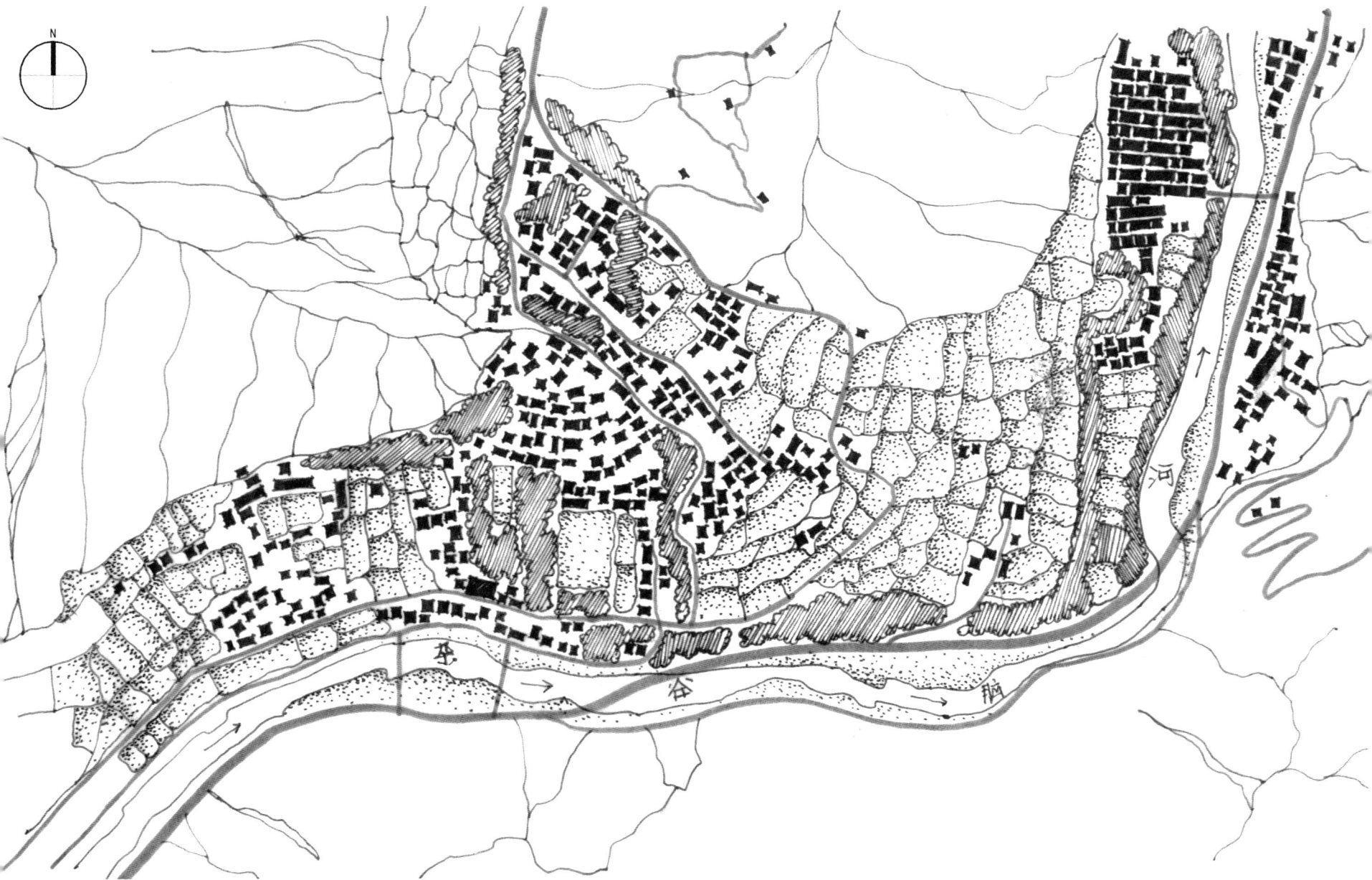

图5.3.4-01 杂谷脑河下游甘堡寨总平面图　来源：自绘

5.3.5 上孟乡

上孟乡是阿坝州理县最偏远的一个乡，地处杂谷脑河支流孟屯河上游故名上孟，东与下孟乡、薛城镇两地相接，南临甘堡乡、杂谷脑镇，西连古尔沟镇，北与茂县相邻，乡场镇平均海拔 2502 米，最高峰雪隆包5527 米；平均气温 9.6℃，全年日照时数 1672.8 小时，全乡辖区面积 741.14 平方公里，辖 5 个行政村 12个村民小组，总户数 608 户，现有 2786 人，是嘉绒藏族聚居乡，藏族人口占全乡人口的 98%。上孟乡民风淳朴、风情浓郁，有嘉绒藏族独特的传统歌舞和习俗。主要出产大白菜、玉米等农作物，也是冰葡萄的最佳种植区。

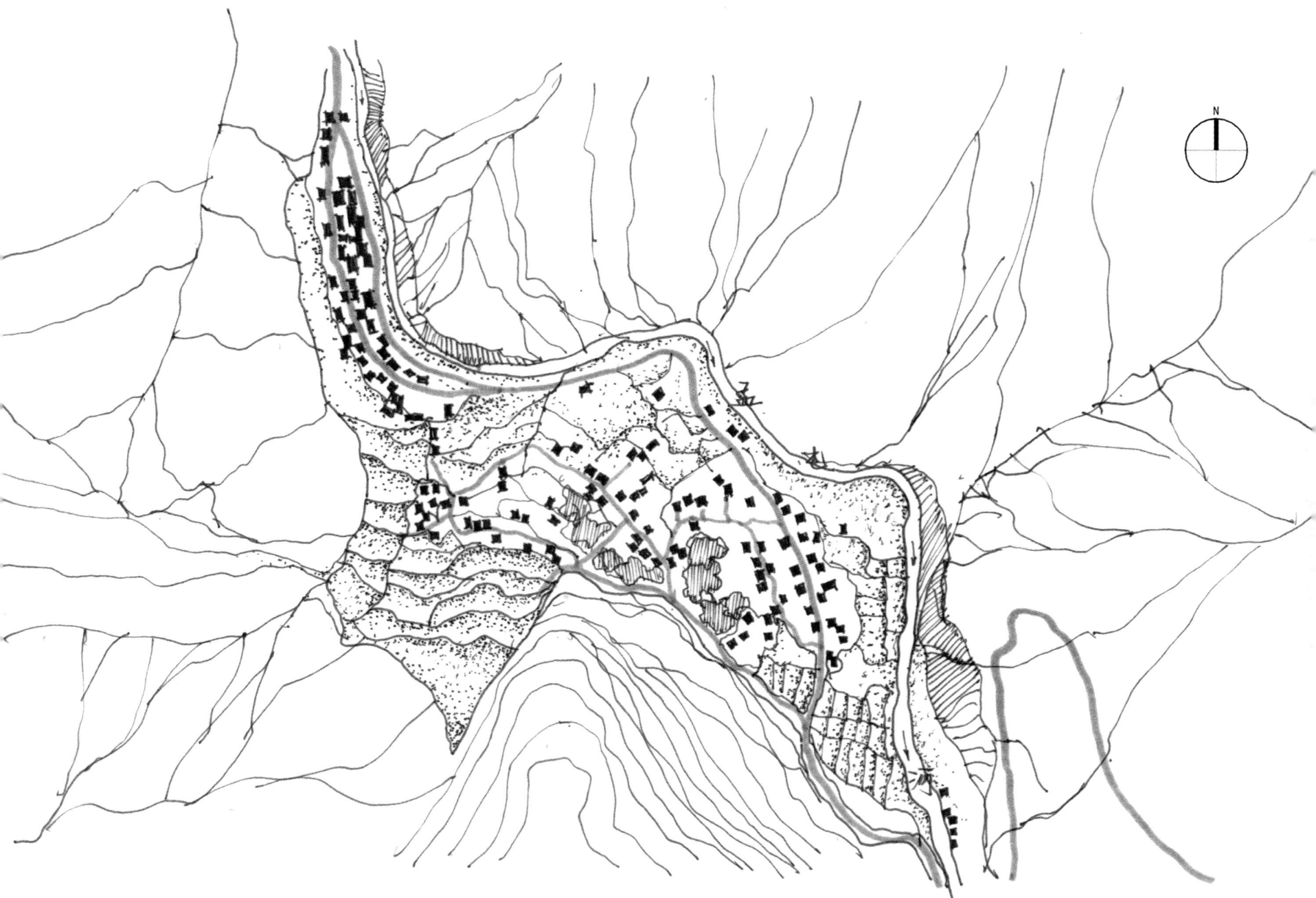

图 5.3.5-01 孟屯河上孟乡总平面图 来源：自绘

5.4　典型村寨写生

5.4.1　黑水县—石碉楼乡

图 5.4.1-01　黑水县石碉楼乡 1　来源：自绘

图 5.4.1—02 黑水县石碉楼乡 2 来源：自绘

5.4.2 黑水县—色尔古寨

图 5.4.2-01 黑水县色尔古寨 1 来源：自绘

图 5.4.2-02 黑水县色尔古寨 2 来源：自绘

图 5.4.2-03 黑水县色尔古寨3 来源：自绘

图 5.4.2-04 黑水县色尔古寨 4 来源：自绘

图 5.4.2—05 黑水县色尔古寨 5 来源：自绘

图 5.4.2-06 黑水县色尔古寨民居局部 1 来源：自绘

图 5.4.2-07 黑水县色尔古寨民居局部 2 来源：自绘

6. 结语

本书力求以建筑学特有的图解方式来解析川西嘉绒藏族聚居的地理空间模式，诠释其乡土营造的生态条件，以及回应生境的地域建筑学价值。一个特定地理环境的民族文化可以分为物质文化和非物质文化，建筑则是物质文化最重要的组成部分和体现形式，人类学的研究关注建筑文化形态背后的文化动因和心理，建筑学则更关注剖析地域民族文化积淀凝结的物化表征，一切文化都有其确定的物化载体，建筑是最好的活化石，人类总是把财富和精神寄托在不动产上；因而，民居自然而然成了最好的研究对象，宗教寺院则是集大成者。

站在人类学的视角，建筑学关注的材料与结构，装饰与构造，色彩与形式等，都是物质文化形态，都可以进行类型化和符号化的梳理，进而模式化与菜单化地列表，建筑学测绘正是这样做的，这样的工作对于地域的，历史的民族建筑之保护和修复，有着最直接的"工具箱"作用。本书展示的田野调查则是从地域民族群体生存环境（即：生境）的角度，进行流域地理单元形态的类型梳理，视点从单体建筑抬高到对村寨或乡镇聚落的鸟瞰，力求有对一个地区宏观层面的审视和把握，从而找到流域里人居选址的规律、找到聚居形态与地理单元的契合关系，找到关于嘉绒藏居自然审美的生态基础。希望本书能够反映这一作者的初衷。

7. 后记

2016级硕士研究生：兰颖立、刘诗航、李静、夏茂峰；2017级硕士研究生：达传胜、王祺、宋博文、张婧、李冬，在作者的指导下绘制了调研村镇的总平面图，从茫然到熟练掌握地理信息与建筑信息的表达，取得了田野调查手绘图纸的经验和技巧，并从中感受到了聚落在选址与布局上的民间智慧，师生彼此都受益匪浅。

感谢以上同学的辛勤劳动，尤其是要感谢兰颖立和王祺同学独立完成了本书的初步排版工作。感谢我的耄耋之年的导师黄天其教授为本书作序，且手书赐墨，足见黄老深厚的学术功底和不渝情怀，这是鞭策晚生们笔耕不辍的精神光芒。

川西嘉绒藏居与其生境

The Living Environment And Habitat Of
Gyarong Tibetan In Western Sichuan